复旦大学社会科学高等研究院
复旦大学当代中国研究中心

转型中国研究丛书

郭苏建◎主编

转型中国的农业供应链治理

刘丽◎著

格致出版社　上海人民出版社

丛书序言

"转型中国研究丛书"是复旦大学社会科学高等研究院(以下简称"复旦高研院")和复旦大学当代中国研究中心年度主题研究的成果。该丛书以"前沿性、基础性、学术性、国际性"为理念,力争经过数年的努力,建设成为在中国社会科学领域具有较高水平的综合性、跨学科学术丛书。

2013 年以来,复旦高研院进入转型发展的新阶段。复旦高研院借鉴国外大学高研院的通行举措,通过一系列学术建制吸纳与整合校内外优秀研究人员,开展对基础理论和重大实践问题的跨学科研究,力争生产出高水平的研究成果。"年度主题"(annual theme)是借鉴国际上大学高等研究院(Institute for Advanced Study)的有益经验而于 2013 年设立的新型学术组织机制。所谓"年度主题",即研究机构根据自己的总体研究规划所设立的年度研究主题。比如,现代高等研究机构的先行者普林斯顿高等研究院就在其二级研究院普遍采取了研究主题制度。如何结合现代中国转型中的重大理论课题展开专题性的深入研究,是中国社会科学提升研究水平的基础性工作。复旦高研院"年度主题"建制,正是为了推进上述历史使命而设立的基础性学术组织机制。

在具体运行中,我们以研究项目为组织形式,并通过"驻院研究员""访问学者"等机制吸纳校内其他文科院系、校外乃至国外相关研究力量,组织专职研究人员和驻院研究人员围绕"年度主题"协同攻关。我们还专门设立了"年度主题席明纳",每月由一位研究者做专题报告,"年度主题"研究参与者全体参与讨论,以期每一项研究都经过全体参与者的充分讨论和交流。

为反映我院"年度主题"的研究成果,我们与格致出版社合作出版了"转型中国研究丛书"。到目前为止,该丛书已经出版了 12 本研究论著:《转型中国的正义研究》《转型中国的法治研究》《转型中国的治理研究》《转型中国社会秩序建构的关键词辨析》《转型中国的村治实践研究》《转型中国的基层选举民主发展研究》《转型中国的国家与社会关系新探》《转型中国的社会科学理论、范式和方法问题研究》《大数据与社会科学发展》《转型中国的社会治理——理论、实践与制度创新》《转型中国的政治发展理论与实践研究》和《哲学社会科学思想流派和科学方法新探》。

《转型中国的农业供应链治理》旨在探讨我国农业供应链治理的新理论与新实践，完善农业供应链的治理体系和治理能力。在快速转型的中国，农业供应链是我国农业农村现代化的重要课题，对我国的可持续发展、粮食安全、乡村振兴、共同富裕、数字化转型等具有重要的理论和现实意义。当前，面对气候变化、粮食安全等全球性危机和挑战，农业供应链治理这一研究主题更加具有深刻的现实意义。

本研究项目及丛书系复旦大学社会科学高等研究院院长、教育部"长江学者"特聘教授郭苏建博士领导、策划和主持，并由其担任主编。复旦大学当代中国研究中心主任、复旦大学国际关系与公共事务学院教授刘建军和复旦大学社会科学高等研究院副院长孙国东教授担任副主编。复旦大学社会科学高等研究院专职研究人员贺东航教授、顾肃教授、林曦教授为该系列丛书的编委会成员。

郭苏建

序　言

农业供应链治理是中国农业农村现代化的重要构成部分,也是国际和国内学者研究的热点领域。以往的农业农村发展研究,从经济和供需平衡的角度,探索中国农业农村现代化的实践过程。本书以供应链为切入点,分析了我国快速转型过程中农业供应链治理体系和治理能力建设,不仅关注中国农业供应链发展所具有的一般性特征,更加重视挖掘中国农业供应链发展和治理所蕴含的责任意蕴和政治内涵。

当前,中国正在迈向世界舞台的中央,需要从学习西方理论和借鉴西方经验的现代化初级阶段,转变为世界提供原创性的新理念、新洞见,贡献中国智慧、中国经验的现代化新阶段。近年来,我国高度重视农业供应链治理,2015 年国务院办公厅印发《关于推进农村一二三产业融合发展的指导意见》,之后又于2017 年发布《关于积极推进供应链创新与应用的指导意见》,同年商务部办公厅和财政部办公厅联合印发《关于开展供应链体系建设工作的通知》,而在 2021年,财政部办公厅和商务部办公厅又联合印发《关于进一步加强农产品供应链体系建设的通知》,2022 年中央一号文件更是提出了"持续推进农村一二三产业融合发展"的要求,明确了供应链治理的重要价值,尤其要求增强供应链韧性、确保粮食安全、推动乡村振兴。因此,学术研究迫切需要对本土实践进行重新解读,深挖中国的发展和改革经验。

本书从中国农业供应链这一角度,对农业农村发展进行全面、系统的深入探究,有助于更好地发现和挖掘中国的本土性经验、创造原创性的概念。农业供应链是一个社会生态系统,它本身的发展与演化内嵌于地区性的制度、文化和治理模式之中。对农业供应链系统的深入比较、理解,有助于深化对中国本土创新实践的内在逻辑、价值理念和制度创新的理解。

本书将理论与实践相结合,把传统商业管理领域的农业供应链研究引入政治学和公共政策领域,从政治学的角度重新审视农业供应链,为提升党和相关政府部门在乡村振兴、粮食安全、食品安全、数字化转型方面的工作质量,提供一个新的思考框架。农业供应链不是对果农菜农、经销商、农业企业、批发商、消费者等单一主体的研究,而是对这些群体的相互关系进行的研究,它有助于从系统性的角度认识农业和农村发展过程,更好地挖掘中国农业农村改革发展中的实践智慧,并且提出综合性的政策干预措施。从供应链视角整体性、全局性地考虑农业农村问题,对从事农业农村发展研究、农业供应链研究的科研人员、相关政府部门和智库都具有积极的理论指导意义,对于农业农村领域的相关政府部门提升治理能力和治理效率具有现实的借鉴意义。

本书探索在可持续转型背景下,如何通过重塑治理体系和提升治理能力两个方面的责任与实践来完善我国的农业供应链治理。在重塑农业治理体系方面,本书从农业供应链的角度,重新分析我国农业政策、创新改革实践的演进逻辑和内在规律,从而为深入认识我国的农业治理体系和农业可持续发展所面临的新机遇及新挑战提供新的洞见。在提升农业治理能力方面,本书探索了不同的产业部门如大米、蔬菜、乳制品、数字农业等,联合企业、农户和利益相关者推动农业供应链,以提高服务乡村发展(乡村振兴)、粮食安全、食品安全、数字化转型等多方面的能力,以及如何应对相关挑战。本书对这些细分领域展开的供应链分析,体现了不同农业产业部门的内在独特性,以及我国相关产业政策的差异性;同时,也体现出不同产业部门的生存、发展和生计面临着各自独特的机遇与挑战,从而有助于更好地完善相关的产业政策,加快打造我国现代化农业发展的新阶段、新局面。

本书的实践意义包括两个方面。一方面,随着可持续发展成为各个国家的重要目标,贯彻和落实可持续发展政策刻不容缓。中国农业的可持续发展,需要不同群体、不同部门的相互协调,而这一过程是极其复杂的。通过对农业供应链的深入分析,从系统角度认知农业发展的各个环节的关联性,有助于从整体全面的角度进行政策调整和政策干预,提高农业可持续发展的有效性,加快可持续发展目标的实现。另一方面,农业发展的竞争力,不仅包括科技水平的竞争,更包括组织水平与能力的全面竞争。通过农业供应链整合不同利益相关群体,是提高我国农业的竞争力和效益、适应可持续发展的现实需要。

本书是在复旦大学政治学博士后流动站工作期间的研究报告《可持续转型与中国农业供应链治理》基础上形成的。感谢复旦大学亚洲研究中心出版资助(项目编号:SDH3154001/078)和复旦大学资政研究支持计划智库丛书出版资助提供的研究支持,以及科技部项目"一带一路国家数字科技减贫的国际比较研究"(项目编号:22XT076)的部分支持。

刘 丽

2023 年 9 月 30 日

目　录

第一章 绪 论

在政治经济学的视角下,农业供应链不是一个单纯的经济性组织网络,而是嵌入政治体系之中的治理单元,承担了实现美好生活期待、践行可持续发展目标的政治使命。从 1949 年至今,我国的农业供应链系统在持续改革,以更好地适应经济社会发展的需要,服务于粮食安全、民族富强的目标。在迈向现代化的新历史时期,我国正不断完善农业供应链的治理体系和治理能力,化解经济、社会、环境等方面的挑战,使其更好地服务于国际、国内发展的战略目标。对于作为政治议题的农业供应链治理的认识,需要突破传统的基于企业供应链管理的视角,转向关注治理体系和治理能力的宏观角度。尽管农业供应链治理体系和治理能力两个方面的齐抓共管,是我国推进农业农村现代化的重要举措,但现有的政策和实践缺乏农业供应链治理综合性研究的支撑。随着我国建设农业强国的进程不断加快,要完成乡村振兴、共同富裕、保障粮食安全的新历史任务,就需要不断完善农业供应链治理体系和治理能力,探索中国农业农村现代化的崭新路径。

本书从农业供应链的治理体系和治理能力的双重维度,探索实现农业农村和经济社会可持续转型的过程与机制,从而构建完善中国农业供应链治理的框架和政策。新时期的农业供应链治理体系,应将企业层面、区域层面和国家(或国际)层面的农业供应链治理结合起来,以多维度、多主体的共同努力,更好地实现农业供应链的可持续转型。同时,农业供应链的治理能力提升,有赖于将农业供应链与社区发展(乡村振兴)、粮食安全、食品安全和数字化转型等推动经济社会发展的政治议题相融合,通过农业供应链治理来化解挑战、发现机遇。

政治视角下的农业供应链治理,超越了传统商业视角下的农业供应链内部和整体的治理过程。政治视角下的供应链治理,不是经济去监管化、贸易和产业自由化,而是探索私有企业和组织追求公共利益的可行路径,从而构建开放、包容和共享的发展模式。对它的研究不仅深化拓展了现有的供应链治理研究,也从农业供应链治理这一独特视角,为践行我国乡村振兴、粮食安全、食品安全和数字化转型等经济社会发展的政治任务,提供了重要的实践启示。

一、研究背景

人类社会经历了物质和经济的高速发展,也面临着人口爆炸、环境污染、贫富分化、食品造假、粮食安全、隐私泄露等多重挑战,故而可持续发展不仅仅是一个单纯的经济发展问题,更是一个不容忽视的重要政治问题。只有选择可持续发展的理念和模式,才能实现经济与社会的共同发展与进步,实现政治系统的持续稳定和国家的长治久安。我国作为一个正在转型中的国家,既存在着由于经济落后和相对贫困带来的社会和环境问题,也存在着现代化发展引发的新的环境、社会和科技问题,给经济发展与政治稳定带来巨大的挑战和压力。在这样的背景下,要确保我国政治稳定、国家繁荣和人民幸福,必须全面地实施可持续发展战略,建立可持续发展的支持系统。

农业供应链是可持续发展领域的一个重要支持系统,也是透视我国经济社会转型的重要窗口。生存与发展是人类社会存续的根本问题,也是一个国家的核心政治议题。满足人们对美好生活的期待,离不开农业供应链的可持续性治理。农业供应链通过广泛的分工与协作,提高了农业的现代化水平和生产力,实现了粮食安全。不断发展的农业供应链,既增加了农业的经济效益,也给劳动者和消费者带来了福利,如扩大就业机会、增加就业收入、丰富日常消费等。在我国社会主义市场经济的背景下,党对农业供应链的治理,不仅体现于在市场竞争中提升发展的效率和水平,更体现于践行实现美好生活的使命,使得落后地区得到发展、食品安全危机得到化解、粮食安全困局得到突破、数字化转型愈发包容。

我国需要农业供应链发展,来服务于整个经济社会的发展;农业供应链的发展,也需要一个良好的外部环境。农业供应链的可持续转型,是我国政治领域的重要目标和实践。习近平总书记指出,生态文明建设是关乎中华民族永续发展的根本大计。我国应推动生态现代化、加强环境保护,牢固树立"绿水青山,就是金山银山"的环境理念。习近平总书记还强调,大家一起发展才是真发展,可持续发展才是好发展。①我们要秉持创新、协调、绿色、开放、共享的发展理念,拓展务实合作空间,助力经济复苏、民生改善。

现有的研究很少从农业供应链治理的角度来探索可持续转型。第一,关于可持续转型的研究,主要集中在能源和科技方面。可持续转型研究存在重视环境、相对忽视社会的理论偏好或者理论不足②,因此,直接影响生态环境的能源与科技领域比受环境影响和挑战的农业领域更受重视。第二,西方文献中的供应链发展,代表了深层的市场化。但以追求利润为使命的供应链发展,也有平衡经济、社会和环境发展的内在要求。供应链与可持续转型的连接,主要表现为供应链内部企业对外界压力的响应,即建设可持续、负责任和具有韧性的供应链本身,而不是农业供应链对可持续转型的推动。因此,为了弥补这样一个理论和实践层面的空缺,本书从农业供应链治理的视角来探索其对于践行全球可持续发展目标的机制、挑战与机遇。换言之,本书将农业供应链作为推动和构建经济与社会可持续发展的基础,探索农业供应链治理的加速和创新对可持续发展目标的影响,实现农业供应链治理与可持续转型的共同创新。

在中国,农业供应链与可持续发展的整合是一个重要且正在演化的研究领域。通过农业供应链推动中国的可持续转型,具有理论的可行性。一方面,农业供应链是农业系统的一部分,它涉及生产者、加工者、运输者、经营者和消费者等多个群体,与中国的经济社会转型密切相关。农业供应链是一扇联通城乡的窗户,窗内是困守农田、农活、农机、农产品的农民与农村,窗外是忧虑米袋、菜篮和奶瓶的城市居民和相关行业。农村与城市是一个有机整体,农业供应链是这个有机体的内在通道。城乡有机体内在通道的发展与改善,将推动中国整体性的可持续转型与发展。另一方面,中国的农业供应链具有多元性,既有国

---

① 中共中央党史和文献研究室:《习近平新时代中国特色社会主义思想专题摘编》,北京:中央文献出版社 2023 年版,第 371—375 页。

② Alison Ashby, Mike Leat & Melanie Hudson-Smith, "Making Connections: A Review of Supply Chain Management and Sustainability Literature", *Supply Chain Management—An International Journal*, Vol.17,(2012), pp.497—516.

家中心的(如粮食储备制度)治理模式,也有充满不确定性和风险性的市场竞争模式。面对多元化的农业供应链,不断整合理论知识、政治背景和社会实践,以开放性、创新性的治理,适应农业供应链发展的现实需要,有助于探索和发现中国可持续转型和发展的新机会。①

通过中国农业供应链治理推动可持续转型的议题与实践,具有现实的迫切性和必要性。首先,在国际层面,中国是全球人口最多的国家,也是发展最快的经济体之一,中国的可持续转型与发展关系到国际社会可持续转型与发展。中国对全球发展具有举足轻重的影响力。供应链是中国参与国际治理体系的重要一环,没有中国农业供应链的可持续发展,就没有全球农业供应链的可持续发展。例如,中国卓有成效的减贫行动,对全球减贫、减少发展不平等和推动全球正义起到了重要的作用。

其次,在国家层面,农业供应链的安全性与可靠性,将有助于提高国家经济韧性,应对不确定性带来的各种挑战。在全球可持续发展倡议的影响下,中国正从以经济增长为核心的发展模式,转向可持续发展的新阶段,并追求经济、社会和环境的协同发展。我国积极推动各个领域的可持续转型,构建绿色发展道路,不断强化社会公平正义,实现国家的长久发展和共享发展。尽管农业在国民经济中的比重在降低,但是它的发展依然是我国经济发展的重要方面,对于贫困落后地区增加就业、扩大收入起着至关重要的作用。同时,农业不仅是关系国计民生的战略性行业,也是工业和服务业发展的基础。没有农业的健康发展,工业和服务业的快速发展就难以得到支撑,国家的长治久安也会面临挑战。鉴于农业的重要性,农业市场和农村发展一直是政治的核心,而非政治的边缘。食品安全、粮食安全等是国家和政府的根本责任,对于满足人们对美好生活的需要而言至关重要。因此,推动农业供应链的可持续转型是我国重要的治理实践和研究议题。

再次,在地区层面,农业供应链是保障经济、社会、政治健康发展的重要基石。中西部地区的农业转型,面临着政策目标与结果错位的严峻挑战。目前,农业转型侧重于农业经济发展方式的转型,主要包括土地权归属、耕种面积、产

---

① 宋华、刘文诣:《供应链多技术应用研究综述》,载《供应链管理》2021年第2期。

业化水平、机械化水平等不同角度。地方政府干预下的农业转型表现为以去小农化的方式,推动资本和农业企业主导的农业现代化、规模化生产。以大规模生产为基础的农业现代化过程,制造了新的社会问题。[①]以农业项目为主导的现代化,经济效益不高。国家投资了各类农业现代化项目,对诸如道路、水系、田块等农业生产的物质基础进行了有利于大规模经营、机械化操作的现代化整体改造,用以替换小农生产的田间水利系统。引导资本下乡,对农民的土地进行集中的大规模流转,培育具有企业化特征的"种粮大户",目标是以企业主导的大农场经营模式来替换当地的"留守农业"。可是,作为"先进"生产方式的公司化农场,很大一部分必须依靠政府补贴和项目才能维持生存。农业转型的低效率,严重制约了地区发展。

最后,在企业层面,农业供应链的健康发展将直接关系到企业的竞争力与合法性。随着中西部地区农业现代化的加速,在去小农化的发展过程中,容纳某些乡村区域几万人生计和就业的农业,变成了少数人,即农场主和农业企业赚钱的"生意"。数万农民所共享的农村公共资源,被少数精英群体攫取。同时,农业生产环节的利润逐渐被工商资本通过市场交换、流通以及加工过程占据,进而挤压了农民的利益空间,原来保存在农民手中的农业利润逐步外流。由于资源集中和非对称性补偿,农民不能有效享有农业生产、流通、销售的利益,导致各种社会矛盾的激化,进而影响了农村的和谐发展,瓦解了农业企业的地区声誉和社会支持。如果没有一个健康、公平与和谐的基层社会环境,规模化、现代化的农业企业就会面临巨大的发展困境,难以实现自身的经济、社会和环境发展目标。可以说,国际、国家、地方、企业等不同层面农业供应链开展可持续转型的现实迫切性,为农业供应链治理研究提供了巨大的机遇。

二、研 究 角 度

本书从农业供应链治理的角度,探索农业供应链推动可持续转型的机制、机遇和挑战。农业供应链是一个由不同人员、政策、制度构成的网络,农业、工

---

① 冯小:《去小农化:国家主导发展下的农业转型》,中国农业大学 2015 年博士学位论文。

业、服务业等多个领域在其中交织,也是一个透视和整合社会、经济和环境发展的平台。农业供应链治理,就是要探索农业供应链成员在不同的社会情境下,所采取的行动策略、协调机制,以及所产生的经济、社会和环境效果。农业供应链治理是一个不断调整、优化、改进的过程,内含着实现可持续转型的方法和智慧。

本书的研究假设是,农业供应链治理是一次协同性、集体性的创业机遇。创业是从理念到现实、从无到有的过程。创业不是解决过去的问题,而是面向未来的适应性创造。面向未来是治理的理论立足点,以未来为目标的治理,重视过去的经验和分析,但更重要的是展望未来的可能性。农业供应链治理需要推动具有内在联系的理论工具、方法的建设性对话与融合,从而促进理论创新。基于面向未来的意识,构建农业供应链新的发展机制和制度体系,一方面,需要专注于过去又想象未来。农业供应链不仅会对企业和产业(商业生态系统)内部效率和竞争力产生影响,也会对外部区域与国家发展产生综合影响。这要求我们更加全面地重新认识和建构农业供应链治理。另一方面,需要对不同情境下的农业供应链治理做整全性比较和综合性研究,构建共建、共享、共创的新发展格局,更好地应对转型时期的挑战和机会。①单一供应链是大系统中的一个小系统,不同供应链之间、不同系统之间具有相互关联性,故而供应链治理的机制(模式)展现出多样性和适应性。供应链治理这一综合性、整体性和全局性的战略领域,在实践中应当适应经济、社会和环境发展的需要。

"可持续发展"概念于1987年由世界环境与发展委员会提出,这一概念指出在发展经济的同时,需要考虑环境、资源、生态的承受能力,保持人与自然的和谐发展,既满足当代人的需求,又考虑未来发展的需要,满足当代人的需求不以牺牲后代人利益为代价,实现自然资源的永续利用,实现社会的永续发展。2000年9月,《联合国千年宣言》提出要致力于消除极端贫穷和饥饿,改善教育、医疗、控制疾病和确保环境可持续等,保障和提升人的生存与发展。2015年9月25日,联合国"2035可持续发展目标"提出了17项世界级的发展目标,对改善人类生存境遇、提高人类福祉提出了更高水平的要求。经过30余年的发展,

① 魏崇辉、王岩:《新时代协商治理:内在机理与基本立场》,载《理论与改革》2021年第1期。

可持续发展成为世界各国公认的发展原则,不断吸收其他社会科学的洞见和世界各地的发展实践。总体而言,可持续发展主张兼顾经济、社会和环境的全面协调发展,或者是经济效益(efficiency)、社会公平(equity)和环境保护(environment)(3E)三者的协调统一,又或者是利益(profit)、人类(people)和地球(planet)(3P)三方面的平衡。

可持续性转型,是一种批判性转型,更是一种创新性的转型。第一,发展方向方面,朝向更加公平、开放、共享和可持续的农业系统转型。农业企业不仅要创造利润,而且承担着提高农户收入、反哺农业、乡村振兴的重要使命,它们需要推动小农户、乡村和现代农业的有机衔接。第二,发展特点方面,转型表现出个体和群体的独特性、复杂性和多维性。这就意味着不能照搬照抄,需要因地制宜,并且在多维度的社会实践中不断适应和优化。面对全球气候变化、生态灾难、粮食安全等诸多挑战,转型就意味着要摒弃过去有害的发展模式,创造新的发展模式。第三,发展过程方面,转型推动了身份和角色的重构,重构的身份是流动的而非静止的,是动态的而非稳定的。农业转型带来了参与者的社会角色转型,而社会角色转型受到个体、社区和社会三个层面的共同影响。政府、农商企业、农民、城市消费者等都是农业转型中重要的主体。在我国农业现代化进程中,这些主体需要与社会、政治、经济和文化环境互动,并且不断调整和适应角色需求的变化。

三、研 究 问 题

尽管供应链治理的研究获得了巨大的发展,但是现有理论主要根植于西方发达国家的科学技术和社会发展视角,缺乏从发展中国家的视角来认识供应链治理实践,从而形成适应发展中国家和地区,尤其是中国的经济现状和社会利益格局的供应链治理模式。供应链治理的演化,不是一个线性的过程,并不能简单复制西方现有的理论模式和发展道路,它需要根植于区域性和地方性的社会现实,并且在理论和实践的互动中不断推陈出新,提出展现发展中国家特质、满足现实需要的供应链治理和路径创新。同时,作为新经济体的发展中国家,其各项制度、市场和理念正在形成和塑造中,具有改革和创新供应链治理的后发优势,为探索和拓展供应链治理提供了宝贵的机遇。本书的研究问题是:在可持续转型的背景下,中国的农业供应链治理如何进行创造性变革?

四、研 究 目 标

本书的研究目标是探讨中国供应链治理的具体机制,发现中国农业供应链治理推动创新的路径和方法。具体目标包括:(1)提高农业供应链的可持续性治理能力,化解中国农业可持续转型面临的经济社会挑战,以适应发展需求;(2)探索中国农业可持续转型的新方法和新思路,拓展可持续发展的国际议题的内涵。

可持续转型需要一种创新的、基于实践的、依托本土知识的模式,将这些具有实践性价值的知识理论与农业供应链治理的理论相融合,将推动跨学科研究。从转型中国的角度看,本书的研究目标包括:(1)科学把握西方治理嬗变、理论适用性及其困境,科学认识中国治理方案的定位、中西方治理的本质差异及其体现。(2)本土化因素及其核心指归的梳理,凝练基于学术的中国协商治理之基本指导的理论精义,建构一种适应性的本土概念与理论体系,探索面向未来发展的可持续转型。

五、研究内容和创新点

可持续转型为农业供应链治理带来了新的要求、新的挑战和新的机遇。本书主要探讨可持续转型背景下,中国农业供应链治理体系和治理能力建设两个方面。在治理体系方面,综合性的农业供应链治理,包含对供应链内部、供应链本身和供应链外部等三个不同尺度的治理,是一个跨尺度的综合性治理过程。这种跨尺度的治理,能从价值理念和制度模式上激发社会性、伦理价值和共同体意识,推动共同性行动,实现共同体的价值共享,进而推动可持续转型。

在治理能力方面,本书探索农业供应链应对农村社区发展、粮食安全、食品安全和数字化转型等重要政策问题的实践、过程和表现。农业供应链治理积极推动经济、社会环境的可持续转型,需要不断吸收和借鉴新的理念、新的思想和新的模式。深入剖析不同类型的农业供应链治理与具体政策问题相融合的过程,揭示农业供应链治理能力的表现形式、优势和不足。

本书主要采用理论提炼和案例分析相结合的方法。对于中国农业供应链的发展过程、制度变迁和治理机制等问题,本书结合农业供应链的不同参与者的能力、资源、实践和治理模式进行分析,形成农业供应链治理转型的理论框架,进而获得对中国农业和农业供应链转型发展历程的全面认识。该部分的分析,主要是建构原创性的理念,为解释中国农业发展实践的内在规律提供理论参考。

对于中国不同农业部分的分析,本书主要从农业发展的现状、挑战出发,探索农业供应链作为一个整体,如何适应可持续发展要求的需要,进行实践的创新和治理过程的革新。该部分的研究,采用案例分析的方法,基于文献梳理和田野调查的结果,进行全面、深入分析,从而获得中国农业发展的第一手实践资料。同时,基于案例分析,提炼出中国农业发展过程中有益的政策经验,从而为决策提供参考。

本书一个重要的创新,就是从政治视角重新理解我国的农业供应链发展,尤其是农业供应链可持续转型的机遇和挑战。在过去的几十年间,对于供应链的研究,更多是从企业管理、产业发展的角度进行解读。随着供应链的发展与国家发展和繁荣的内在联系越来越密不可分,研究者迫切需要从国家发展的角度,重新深度解读供应链。当前,各个国家将供应链竞争上升到国际层面,并且用外交和政策手段影响供应链发展,但是现有的研究主要聚焦于诸如芯片、半导体等高技术领域,对传统领域的供应链研究较少。本书有助于弥补这一缺失。探索农业这一传统行业的供应链发展,既能推动农业供应链发展更好地服务于我国经济社会发展需要,也能为国家之间潜在的农业供应链竞争做好知识储备。本书的研究将有助于相关部门提前布局我国农业供应链领域的相关战略实践,应对未来可能发生的农业发展和农业供应链领域的国际竞争。现在,各国关于农业发展、气候变化合作的议题,已经从低政治领域上升为高政治领域。欧盟各国以及其他相关国家高度重视并且积极探索与中国开展农业技术、农业可持续发展领域的合作。农业在国际合作和国际竞争中的重要性显著上升,甚至与半导体、人工智能等高技术领域具有同等重要的地位,迫切需要提早布局、综合谋划。本书从政治视角出发,分析我国农业供应链的相关理论与实践,有助于服务我国农业供应链发展和转型,更好地在国际局势变革中把握先机。

六、研 究 意 义

本书以可持续转型为目标,探索农业供应链治理体系和治理能力,具有两个方面的重要作用:第一,突出了农业供应链跨层级的影响力,即农业供应链是一个复杂的社会生态系统,能产生多维度、多层级的影响。第二,提升农业供应链回应政策议题和政策目标的能力,审视并反思转型中国的农业供应链治理过程和治理机制,契合可持续发展的现实需要。

在可持续转型的背景下,探索农业供应链治理的内涵,构建综合性的供应链治理,有助于提升农业供应链治理的效率和效果。农业供应链治理,既受到国家治理能力与治理体系的影响(外部环境),也受到企业组织和供应链的技术细节、发展战略、价值理念等各个方面的影响(内部环境)。农业供应链治理是一个跨尺度的综合性、整体性的过程,它与多个领域有着密切的关系。本书通过对中国不同层级农业供应链治理的分析,比较和归纳出优化农业供应链治理的方法,为实现农业可持续发展提供理论和现实借鉴、为化解农业供应链治理的困境提供科学建议。

可持续转型就是为了更好地实现农业供应链与经济、环境、社会等各领域的协同发展、联动发展。农业供应链治理,要将不同农业供应链的治理实践嵌入具体的政策、社会和文化环境中。农业供应链治理与不同发展议题之间的互动与融合,是化解我国农业现代化、农村转型挑战的实践机遇。在中国这样一个转型中的国家,对农业供应链治理与政策议题的结合这一问题进行研究,既可以深化对领域性知识的总体性提炼,也可以深挖中国农业治理和农业转型的内在特质和制度逻辑,为相关理论拓展、理论创新提供了巨大空间。

七、全 文 结 构

农业供应链既是了解社会文化实践的场域,也是透视时代发展的窗口。农业供应链可持续转型,包括治理体系和治理能力两个方面,它们也是本书的两个研究重点。第一,本书从一个综合性的视角辨析了农业供应链治理,为推动治理转型和路径创新提供了理论支撑;第二,将农业供应链治理与经济、社会等发展议题整合,加强理论与现实之间的密切联系。

本书共有七章(图1.1)。除了绪论之外,本书由六个相互独立又彼此联系的部分构成,共同阐释了在可持续转型背景下,中国农业供应链治理体系的建构和治理能力的提升。第一章提出问题,并且构建农业供应链治理与可持续转型的关系。第二章通过对不同研究视野的梳理,夯实全文的理论基础,提出综合性农业供应链治理的分析框架。第三章到第六章,分别探讨农业供应链与社区发展、粮食安全、食品安全与数字化转型的衔接,深化提升农业供应链治理能力的研究。第七章总结农业供应链治理的政治意涵和内在模式,并展望未来农业供应链治理的机遇和挑战。

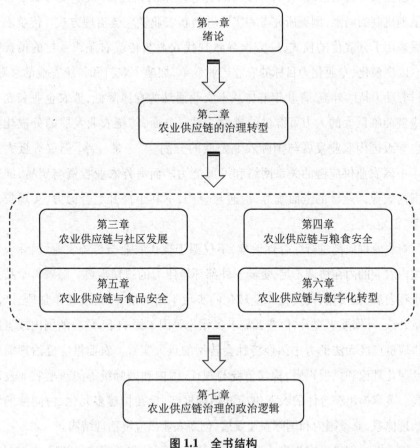

图1.1　全书结构

第二章　农业供应链的治理转型

一、引　言

农业供应链的治理鸿沟,即发展目标与结果的错位,体现了现有农业供应链治理机制的局限,倒逼研究者和实践者创新农业供应链治理方式。传统农业发展采用了分散化的模式,一方面导致现代农业与传统农业或乡村的衔接不足。以规模化、专业化为目标的农业产业变革,加速了农村和传统农业的衰败。农村劳动力持续外流,青壮年群体从事农业活动的意愿降低,涉农企业和农业供应链面临巨大的人力资源供给挑战。另一方面,传统农业发展的分散化模式也导致国内农业发展与国际农业发展的分割。"一带一路"倡议等极大拓展了中国农业供应链的关系网络和发展能力。而海外农业投资与贸易,缺乏与国内农业产业链的全面统筹、沟通与合作,不利于提升综合国力,实现长期繁荣、稳定。

对农业供应链进行综合性治理,不仅源于现代农业与传统农业、国际农业与国内农业的内在协调不足,更源于外部环境压力的迫切需要。随着科学技术的迅猛发展,城市化、现代化和全球化的步伐不断加快,在市场竞争加剧、产品质量升级、环保要求提升、消费者需求多元化等因素影响下,单一的国内或者国际供应链已经无法助力中国经济社会转型的重大实践。农业供应链治理需要不断深化理论和拓展视野,构建传统与现代、国内和国际统筹的新型农业发展格局。本章提出综合性的农业供应链治理框架,旨在构建多元化、协同性的农业治理体系,兼顾国内和国际农业发展,创新农业供应链治理结构。

综合性治理已经成为助力我国经济社会转型的实践指南。2013 年 11 月,党的十八届三中全会提出:"全面深化改革的总目标是完善和发展中国特色社会主义制度,推进国家治理体系和治理能力现代化。"①自党的十八届三中全会以来,习近平总书记多次强调治理的思想,指出"治理和管理一字之差,体现的是系统治理、依法治理、源头治理、综合施策"②,同时强调了"治理"这一概念的合作与协调的属性。层级组织的管理通常强调对权力的控制性应用,治理并不强调权力的控制,而是强调治理对象之间通过合作协调实现组织目标的过程。在我国,治理是以国家发展和人民幸福为最终目标,并不拘泥于特定的方式,也并不否定可能存在的利益冲突。综合性的供应链治理是推进国家治理体系现代化的一部分,旨在"为党和国家事业发展、为人民幸福安康、为社会和谐稳定、为国家长治久安提供一整套更完备、更稳定、更管用的制度体系"③。

在农业系统中,企业组织、区域和国家分别从自身需求和价值理念出发,推动不同维度、不同层面的农业供应链治理。这些治理实践具有尺度之间相互嵌套、绩效之间相互牵制的内在关系。然而,现有研究将这些不同的供应链治理尺度彼此孤立,既阻碍了农业供应链治理的批判性分析,也导致了农业供应链发展目标与社会结果的错位,影响了农业供应链的治理效果和变革创新。可持续转型需要通过综合性的供应链治理方式推动组织、区域、国家乃至国际层面的协同行动,以应对人类面临的共同挑战,挖掘协同发展、合作创新的历史机遇。

本章以农业发展为切入点,探索农业供应链治理的影响因素和内在机制,从而构建综合性的农业供应链治理理论框架,推动农业领域的治理体系现代化。农业是一个包含不同参与者的系统,农业发展是系统中每个参与者的共同发展。综合性农业供应链治理研究旨在探索企业组织、区域和国家层面的跨尺度实践,并探索推动农业系统整体性发展、协同性发展④的治理体系和治理模

---

① 《中国共产党第十八届中央委员会第三次全体会议公报》,新华网:http://www.xinhuanet.com//politics/2013-11/12/c_118113455.htm。

② 《习近平参加上海代表团审议》,全国人大网:http://www.npc.gov.cn/zgrdw/npc/xinwen/2014-03/06/content_1839144.htm。

③ 中共中央文献研究室:《习近平关于社会主义政治建设论述摘编》,北京:中央文献出版社2017年版,第145—147页。

④ 杨清华:《协同治理与公民参与的逻辑同构与实现理路》,载《北京工业大学学报》(社会科学版)2011年第11期。

式。综合性治理包括治理单元的跨尺度、治理主体的协同性,它有助于创新农业发展方式,加速推动绿色、和谐、开放和共享的农业可持续转型。

二、治理与治理体制

对治理的研究横跨政治学、公共管理、法学等多个学科。在商业背景下,公司治理强调的是行为的政治和法律框架。在社会领域,治理是指政府管理模式的延展①,或者除了政府主导之外的其他协调、组织方式。福山将"治理"定义为"政府制定和执行规则的能力以及提供服务的能力,与政府是否民主无关"②。换言之,治理指的是公共管理(包括治国理政)的方式、方法、途径、能力,不是指任何特定的公共管理(治国理政)的方式、方法与途径,也不是指市场化、私有化,不是指"无需政府的治理",更不是指"多一些治理,少一些统治"。治理经常是政府强制、市场竞争和社会参与等方法的整合。现代治理既是一门艺术,也是一门协调、引导和控制的技艺。但是,治理并不能保证目标的成功实现,而是为实现目标提供了一个多元化、创造性的空间。治理是一种以效率和效果为目标的综合性、整体性的能力。可以说,治理是一种发展范式,一种在不确定性背景下的制度模式,它推动了不同主体、不同价值理念的融合。

治理体制是对治理规律进行深层归纳的结果,它超越了对某些单一要素的掌控。体制意味着规制,意味着一套管理国家、企业、消费者和科学家的规则。治理体制,是在治理实践中所形成的相对稳定的规则和制度,包括社会机制和制度精神。社会机制是治理实践中采用的各种原则与方法,如交谈、协商、平行的计划、参与、知识创造(共同生产)等机制,为有效治理提供了平台。制度精神指的是超越具体制度形式和实践环节的一种基本认知和思维模式。制度精神既包含制度设计时的立意和目的,也包含制度实践过程中相关参与者对制度本

---

① Raw Rhodes, "The New Governance: Governing without Government", *Political Studies*, Vol.44, no.4(1996), pp.652—667.

② Francis Fukuyama, "What is Governance?" Governance: An International Journal of Policy, Administration, and Institutions, Vol.26, no.3(2013), pp.347—368.

身的敬畏和遵守。

治理体制包括规则性与原则性治理体制。①它们在控制的程度和对控制的确定性这两个方面有所不同。规则性的治理利用强控制性的政策来进行严格的制度和规制,而原则性治理体制采用了松散的结构和非正式的控制活动,它允许宽松的控制措施,甚至鼓励能动性、创新、创业。治理体制是调整和优化社会发展过程和结果的重要方面,而治理体制本身也在不断地创新与变革。治理体制的调整就是更新行动的价值内核,并将新的价值理念融入现有的治理结构和治理系统之中,推动经济社会的整体性变迁。

三、供应链理论的发展演变

供应链理论随着时间的推移而不断演变。自供应链的概念被提出之后,价值链、商品链、产业链、生产网络等相关概念相继产生。本节基于供应链理论诞生及其相关理论的演化顺序,阐述相关理论对供应链理论的丰富和扩展。虽然这些概念具有内在的差异,但在结构上和作用上具有一致性,因此这些概念逐渐相互渗透、相互借鉴,推动了供应链理论的发展演变。

(一) 供应链

供应链的概念最早在 20 世纪 80 年代被提出,近几十年迅速发展。所谓供应链,是指产品生产和流通过程中所涉及的原材料供应商、生产商、批发商、零售商及最终消费者组成的供需网络。它不仅是一条连接供应商和用户的物流链、信息链、资金链,而且是一条依靠加工、包装、运输、销售等各环节发挥效益的增值链。由于每个环节都能产生商品增值,仅仅在生产和销售环节做到最好是不够的,关键是以合适的成本生产合适的产品,并按照客户要求在正确的时

①　Kenneth A.Merchant, *Control in Business Organizations*, Cambridge: Ballinger Publishing, 1985; Kenneth A.Merchant and Wirn A.Van der Stede, *Management Control Systems*, Fourth Edition, England: Pearson, 2017; Jesus Morcillo-Bellido and Altonson Duran-Heras, "Sustainability Governance Mechanisms in Supply Chains: An Application in the Retail Sector", *Sustainability*, Vol.12(2020).

间送到正确的地点。真正的竞争,已经不单单是价格、商品和服务的竞争,更是串联起这些不同环节的供应链与供应链之间的竞争。全球商业世界的竞争已经演变为供应链战略之间的竞争。例如,沃尔玛、戴尔等公司,均是依靠其出色的供应链管理能力成为市场领导者。

供应链具有脆弱性:第一,某一个环节的变化,会引发整个供应链波动的"鞭梢效应",导致供应链的每一个环节都面临各自的挑战。例如,消费者对产品的抵制和需求降低,可能会导致整个供应链的瘫痪。第二,供应链发展策略与企业发展战略之间的匹配容错率低。例如,为了构建适合供应链的生产过程,企业需要借助复杂的分析来审视客户市场(是小众市场还是大众市场,其活力是短暂还是持久)、价值主张(是深层次隐性需求还是显性需求,是当下需求还是未来需求,客户为什么选择)和收入来源(需要哪些核心资源和关键流程作为支撑,通过什么渠道和客户进行接触和建立何种客户关系,如何从客户细分获得收入来源,让产品以合理的成本到达客户的手中),等等,而这往往面临着效率、效果、成本之间的冲突。鉴于供应链环节之间强烈的相互依赖关系,提高供应链的灵活性、韧性和可靠性一直是企业和研究者所关心的问题。

(二) 价值链

20 世纪 80 年代中期,美国哈佛大学商学院教授迈克尔·波特在《竞争优势》一书中提出了"价值链"的概念。波特认为:"每一个企业都是在设计、生产、销售、发送和辅助其产品的过程中进行种种活动的集合体。所有这些活动可以用一个价值链来表明。"[1]企业的设计、生产、销售、交货和售后服务等各项经营活动都是价值链条上的一个环节。这些价值创造活动可分为基本活动和辅助活动两类。基本活动包括内部后勤、生产作业、外部后勤、市场和销售、服务等;而辅助活动则包括采购、技术开发、人力资源管理和企业基础设施等。这些互不相同但又相互关联的生产经营活动,构成了一个创造价值的动态过程,即价值链。

尽管"价值链"的每一个环节都创造价值,但是各环节之间存在着巨大的收

---

[1]　Micheal Porter,"The Contributions of Industrial Organization to Strategic Management",*Academy of Management Review*,Vol.6,no.4(1981),pp.609—620.

益差距。企业会根据自身历史、经济状况、战略、能力、机遇和优势等,不断调整价值创造活动与劳动分工,通过专注于"战略环节"来提升价值收益和权力地位。波特的"价值链"理论揭示,企业与企业的竞争,不只是某个环节的竞争,更是整个价值链的竞争,而整个价值链的综合竞争力决定企业的竞争力。用波特的话来说:"消费者心目中的价值由一连串企业内部物质与技术上的具体活动与利润所构成,当你和其他企业竞争时,其实是内部多项活动在进行竞争,而不是某一项活动的竞争。"①

(三) 商品链

商品链侧重于分析全球范围内在生产、销售、回收处理等过程中实现商品或服务价值增值的方式。它与价值链概念极为类似,强调的是经济全球化深入发展过程中一个产品的生产过程被拆分成许多不同阶段,分布在全球的不同企业,而这些企业又分布在世界各地。20世纪90年代,美国杜克大学社会学教授格里菲把波特的价值链理论直接应用于全球经济或者产业网络组织,分析经济全球化促进产业分工背景下全球范围的企业之间的关系,提出了全球商品链理论②,解释世界经济的生产、贸易、消费。商品链是一个建立内在组织化的网络系统,与位置的特殊性、社会性与当地结合。

为了观察商品如何在全球产销体系中提升竞争地位、获得价值增值,格里菲又提出了以产业升级为目标的全球价值链理念。这不仅推动了全球商品链理论的发展,也使得商品链与价值链的概念进一步融合。他强调全球价值链要关注四个方面:投入-产出结构、空间布局、治理结构、制度框架。格里菲还提出了生产者驱动和购买者驱动的两种模式,以探究和比较产业在不同模式中的状态,协助发展中国家进行产品的升级。研究发现,生产者驱动的价值链包括生物医药、飞机等高度依赖研发支持和技术支撑的行业或者依赖庞大规模和数量带来利益的行业,而购买者驱动的价值链主要是服装、玩具、农产品等高度依赖

① [美]迈克尔·波特:《竞争优势》,陈小悦译,北京:华夏出版社1997年版。
② Gary Gereffi, "The Organization of Buyer-driven Global Commodity Chains: How Us Retailers Shape Overseas Production Networks", *Contributions in Economics and Economic History*, (1994), pp.91—95.

跨国公司品牌设计和营销的行业（大型零售商、贸易公司与品牌公司），例如优衣库、星巴克等国际品牌。在不同类型的全球商品（价值）链中，位于价值链最核心的企业与地区竞争压力最小，越往边陲移动，压力就越大，而利润就越被挤压。各个企业为了创造和保护自身的竞争优势，会不断地进行产业升级，如通过经济升级（规模、生产弹性、低成本、高价值、品牌创造等）、社会升级和环境升级来提供附加值，给新的进入者设置障碍。[①]

（四）产业链

产业链是产业经济学视角下，对基于一定技术经济关联、逻辑关系和时空布局关系的各个产业部门之间链条式关系形态的描述，是一个相对宏观的概念。产业链的本质是一个具有某种内在联系的企业群结构，具有结构属性和价值属性。从结构属性看，狭义产业链是从原材料到终端产品的各生产部门的完整链条；广义产业链则是在具体生产制造部门之外，还向上游基础产业部门和技术研发部门及下游市场部门拓展。产业链的实质就是不同产业部门，或从事相同经济活动的企业群体之间的关联，表现出结构的完整性、层次性和指向性等三个特征。第一，产业部门会主动探寻自身发展的优区位，通过企业扎堆来获取集聚经济效益。尽管各个产业部门"循优推移"的地理区位不同，在较小的区域范围（市域、县域、产业园）表现为产业链的断裂性，但在较大的区域范围（大经济地带、省域、流域经济区）产业链会表现出完整性。第二，产业链的层次性表现为各产业部门组成了一个逐级累加的有机体，上游产业部门主要实施资源开采、劳动密集的经济活动，技术、资金、附加值都相对较低，且主要集中于经济欠发达地区；下游产业部门则从事深加工和精细加工的经济活动，资金、技术和附加值相对高，这些产业部门多在经济发达地区。第三，产业部门在地域上的分布，具有资源禀赋、地域分工的指向性，进而导致产业部门在经济活动中的路径依赖。

从价值属性看，产业链整合是产业价值实现和价值创造的根本途径。产业链整合包括横向整合、纵向整合和混合整合三种类型。横向整合是指产业部门

---

① Gary Gereffi, John Humphrey and Timothy Sturgeon, "The Governance of Global Value Chains", *Review of International Political Economy*, Vol.12, no.1(2005), pp.78—104.

中的企业不断扩大市场势力,增强对市场价格的控制力,获得垄断利益。纵向整合是指上下游企业之间建立一体化的合约,通过产量或价格控制实现纵向的产业利润最大化。混合整合是横向整合与纵向整合的结合。整合的过程中存在并购、拆分和战略联盟等活动,构建通畅、稳定和完整的产业链,提高整个产业链及企业的核心竞争力。产业链处于不断调整之中,而产业链的调整将有助于创造多方面的价值,如降低企业成本、推动新企业出现、形成企业创新氛围、打造"区位品牌"和推动区域经济发展。全球产业链就是把产业部门之间的分工,从国家层面拓展到全球层面,刻画国家间从事分工的产业或企业之间的技术经济联系。

(五) 生产网络

生产网络(global production network)是指跨国公司将产品价值链分割为若干个独立的模块,每个模块都被置于能够以最低成本完成生产的国家和地区,进而形成多个国家参与产品价值链的不同阶段的国际分工体系。生产网络理论,体现了生产过程的全球分离(或称"片断化")又相互联系的全新现象。某一产品的生产过程的各个环节依赖跨界生产网络进行组织,这一跨界网络可以存在于一个企业内部,也可以由许多企业共同组成。[①]随着贸易的发展和全球市场一体化的进程不断加深,发达国家发现将一些非核心的业务分离出去有利可图,由此使得发展中国家有了融入全球生产网络的机会。全球生产网络为国家(产业)发展提供了新的路径与模式,但是发展中国家的融入一般是从全球生产网络中低附加值环节开始,进而也引发并加剧了发展不平衡和贫困问题。例如,在以发达国家为主导的全球贸易体系中,发展中国家和地区由于其科技水平、效率和效益相对低,并且要遵循发达国家、国内精英群体所制定的制度与规则,缺少话语权,故而在价值分配中处于不利的地位。

如上所述,供应链、价值链、商品链、产业链和生产网络等概念具有研究视角的内在差异性(表2.1)。供应链关注企业的上下游关系,侧重于产品的全球

---

① Sven W. Arndt and Henryk Kierzkowski, *Fragmentation: New Production Patterns in the Global Economy*, Oxford and New York: Oxford University Press, 2000.

流动和供给关系;价值链关注价值创造活动的全球分工;商品链主要关注产业分工背景下的企业间关系;产业链重视各产业部门之间的经济关联和时空布局;生产网络主要关注产业分工背景下企业网络关系及其与地方的关系。

然而,国内外学者越来越清楚地认识到供应链及其相关概念之间的相互融合与借鉴,并鼓励对这些概念的混合使用。[①]

第一,从供应链、价值链、商品链、产业链到生产网络,这些不同概念之间具有价值生产、分配和控制层面的密切的内在联系。它们都是基于产业分工而形成的企业间、地区间、产业间和国家间的价值创造过程和关系。

第二,融合不同理论视角,综合分析企业之间的关系和优势、全球价值分工、商品生产过程、区域性生产分工过程等要素,形成一个综合性的理论框架,有利于推动企业分工和产业发展走向可持续转型。

第三,东亚地区和发展中国家是全球生产网络、全球价值链和供应链最活跃的参与者,已经高度嵌入经济全球化的进程之中,中国是最典型的样本。国内的生产组织和企业通过不断地整合资源和积累优势,具有了走向全球化和国际化的坚实基础。只有借鉴和融合供应链、价值链、产业链等多元化理论视角,才能深入理解中国等发展中国家的经济社会转型、产业分布、地区和企业革新。

表 2.1　供应链的相关理论概念及其研究视角

理论概念	关注焦点	研究视角
供应链	上下游之间的供给和需求关系	供求关系、企业间关系
价值链	价值创造活动与竞争优势	价值创造活动的全球分工
商品链	从原材料变为商品的过程	商品的生产、加工等过程
产业链	各个产业部门之间的经济关联和时空布局关系	产业价值实现和价值创造过程
生产网络	产业部门的全球空间分布及其地方嵌入	企业间网络关系及其与地方的关系

① 刘志彪、姚志勇、吴乐珍:《巩固中国在全球产业链重组过程中的分工地位研究》,载《经济学家》2020 年第 11 期。

四、供应链治理

尽管越来越多的国家和企业认识到供应链治理的意义和紧迫性,但是,供应链治理的理论还停留在较低的水平上。供应链,作为一个从供应者、生产者、销售者到消费者的整全过程,是供应商、生产商、运输商、销售商和消费者等在横向管理下,为顾客提供完整服务而构成的整体,它的组织形式不是单纯的"链",而是复杂的"供应网络"。"供应网络"上的各企业应结成一种利益共同体或动态联盟。动态联盟中的企业,只有将精力集中于本企业在价值增值链上具有相对竞争优势的战略环节,才有助于推动供应链内部成员和供应链整体可持续发展,践行经济、社会、环境等多重目标。供应链研究的核心是克服传统研究基于单一市场主体或单个发展项目的局部化、碎片化的认识缺陷,以"链"的概念,将物流、人流(社会关系网络)、资金流(利益分配)、信息流等多元主体、多维过程整合为一体,从而获得了对产品或服务增加价值的各个环节的全面和系统认识。不同于以单个企业为核心的竞争,供应链更加强调不同企业间的合作。

供应链作为一个商业连接所形成的系统性、结构化的网络,被认为是一种价值创造和产业竞争的重要范式,在市场经济中扮演着重要作用。同时,供应链是一个新的认识和分析尺度。面对持续发展的多重目标和挑战时,如减贫、粮食安全、生物多样性、环境保护等,传统的企业竞争视角已经无法回应现实需求,需要强调企业间的合作、交流,推动企业间的资源、信息乃至人员共享,来减少对环境和社会的影响,并实现共同发展。最后,供应链是一个将原料变成中间产品进而变成成品的功能性网络。供应链有很多种,包括纺织供应链、芯片供应链、食品供应链、信息技术供应链等,不同类型的供应链具有内在的特殊性。

供应链的参与主体具有多元性,既包括如生产者、加工企业和消费者等主要参与者,也应该包括政府、学术机构、媒体、非政府组织等产业支持者。主要参与者通过技术发展、能力调整、社会关系的优化,不断提高供应链的发展效率和效果,而产业支持者则通过相关的制度、政策和发展规划,为农业供应链的发展提供良好的外部环境和稳定的发展模式。

供应链管理是当前管理学研究的热门领域,也是供应链治理的基石。供应链管理是多层次、多目标的系统工程,是市场经济和市场竞争的必然产物,更是企业战略的重要构成部分。正所谓"兵马未动,粮草先行",军事物流对于整个战局的发展,往往起到至关重要的作用,甚至可以直接决定战势走向。军事物流学是物流管理的最初形态,而物流管理又逐渐拓展为同时关注物流、人流、信息流、资金链和社会关系的供应链管理。随着供应链赖以生存的市场环境的不断发展,供应链管理成为企业和企业联合体在市场经济中掌控局势、获得优势、实现战略性革新的重要途径。

供应链管理在集约资源、降低成本、塑造和提升核心竞争力等方面具有较大优势,是一种由外而内、以自身发展为导向的模式。供应链管理是与供应链这种合作形式同时产生的,是为保证供应链有序运行、实现供应链企业经营目标、实现供应链总体绩效最大化而设计的一系列运营策略。传统供应链管理专注于物流层面,即如何以最低的成本、最快的速度运输产品。随着消费者的产品需求从功能性价值转向其他潜在的价值,如环境保护、品牌声誉等,企业的竞争优势不仅来自价格、季节和区位,也来自其为消费者创造更多元化价值的能力。供应链管理不仅关注供应链内部的各个环节,寻求优化供应链本身的制度安排,让边缘群体有更多的发展机会;并且融合供应链以外的制度安排,推动国家行为体和非国家行为体与企业之间的跨部门合作。①

供应链治理是调整共同决策的过程和创造价值的机制。②供应链成员之间不仅是单纯的"买"和"卖"关系,更依托参与者资源与能力互补性,促进信息、技术、资金、人员等方面的交流与合作,产生协同效应,创造相对于单纯市场交易

---

① Kate MacDonald, "Globalising Justice within Coffee Supply Chains? Fair Trade, Starbucks and the Transformation of Supply Chain Governance", *Third World Quarterly*, Vol. 28 (2007), pp.793—812.

② Suk-Jun Lim and Joe Phillips, "Embedding Csr Values: The Global Footwear Industry's Evolving Governance Structure", *Journal of Business Ethics*, Vol.81, no.1 (2008), pp.143—156; Clodia Vurro, Angeloantonio Russo and Francesco Perrini, "Shaping Sustainable Value Chains: Network Determinants of Supply Chain Governance Models", *Journal of Business Ethics*, Vol.90, no.4 (2009), pp.607—621.

而言更大的收益。要协调和优化供应链参与者之间的关系,就需要参与者共同决策,从而推动经济效率的提高,同时使供应链更好地创造社会和环境价值。

供应链治理是一种有别于公司治理的新型治理模式。①公司治理包括公司管理层对公司财务、公司结构、管理者的责任等方面的治理活动,集中于公司内部。供应链治理更多的是一种以协调外部社会组织结构为目标的模式②,它需要理解市场和消费者,也需要与生产环节进行协调。格里菲认为,供应链治理分为生产推动型和消费拉动型。只有通过生产或消费导向的治理结构的选择和治理机制的设计,才能确保在供应链内外部建立良性的资源分配和利益协调机制。

总而言之,供应链不是一种独立的、基于产品的买卖关系,而是"嵌入"了更广泛的、多元化的社会关系。供应链治理包括对交易活动的内部治理和对交易价值创造活动的外部治理。内部治理受到交易成本③理论的影响,不断地调整交易活动,关注社会环境、市场环境等因素的制约。而外部治理则关注区域性制度和权力关系对供应链治理的制约,因而重视调整和改善供应链外部的经济和社会环境。

五、农业供应链治理

(一) 农业供应链的内在特点

农业供应链是以农产品或者涉农组织为中心的价值创造网络。农业供应链包括了农产品的生产、分配、加工、销售、消费等不同的环节,涵盖了从田间到餐桌的全过程。农业供应链相较于工业供应链而言更加复杂。主要是由于农产品作为一种非结构化、非标准化的产品,本身规格、属性具有巨大的差异性,同时农产品相较于其他工业产品,具有容易腐败、受气候的影响大、价格波动频繁等特点。针对农业供应链的复杂性,目前主要从三个角度进行分析。

---

① 李维安、李勇建、石丹:《供应链治理理论研究:概念、内涵与规范性分析框架》,载《南开管理评论》2016 年第 19 期。

② 吴定玉:《供应链企业社会责任管理研究》,载《中国软科学》2013 年第 2 期。

③ Oliver E. Williamson, *Markets and Hierarchies*: *Analysis and Antitrust Implications*, New York: Free Press, 1975; Oliver E. Williamson, "Transaction-cost Economics: The Governance of Contractual Relations", *Journal of Law and Economics*, Vol.22, no.2(1979), pp.233—261.

第一个角度,从农业供应链成员的多重构成来分析其复杂性。兰伯特和库珀提到了农业供应链中有两类非常重要的组成成员:一类是原生性的成员,他们为特定的市场和消费者从事生产某一种产品的价值创造活动;另一种是支持性的成员,他们为供应链的原生性成员提供资源、知识、设施或者资产等。①

第二种理解农业供应链复杂性的方式,就是研究整个供应链的具体特征。总体来看,农业供应链在产品特性、参与者与社会环境方面具有显著的特点。首先,农产品本身具有易腐蚀性、标准化程度低、受自然环境影响大等特点。其次,农业供应链中,弱势、低技能、受教育水平低或者具有文化特殊性等社会边缘参与者众多。尽管农业现代化的大潮中涌现了许多现代农业企业,但农业依然是广大贫困人群聚集的产业。最后,农业供应链正在积极引入新技术,尤其是大数据、人工智能、区块链等,正在加速产业的革新。农业电子商务正在改变传统的农业供应链的发展模式。从具体的类型来看,供应链可以分为直接的供应链和扩展的供应链;或者由小生产者构成的传统供应链、发展中的供应链与现代供应链等。这些分类方式帮助我们对垂直关系中的实体进行全面评价。

第三种理解农业供应链复杂性的方法,就是对供应链的生命周期进行评价,并且把供应链划分为不同的发展阶段。根据供应链满足市场和社会需求的能力,将其划分为生长、发展、成熟、稳定这四个不同的阶段。②供应链生命周期的阶段越成熟稳定,就代表了它处理和满足社会需求的能力越强。③因为成熟稳定的供应链不仅能有效组织相关联的供应链成员创造物质财富,还能创造包括信任、领导力、创新等在内的无形价值,从而使得供应链所有成员和社会受益。

农业供应链网络囊括了面向农产品市场提供产品与服务的垂直和水平关系的共同行动。这种网状的供应链形态,表明农业供应链的不同参与者之间互动结构和行为的复杂性。以网络视角观察农业供应链,有助于研究者从行为者

① Douglas M.Lambert and Martha C.Cooper, "Issues in Supply Chain Management", *Industrial Marketing Management*, Vol.29, no.1(2000), pp.65—83.

② Michael H.Hugos, *Essentials of Supply Chain Management*, Hoboken: John Wiley & Sons, 2011.

③ Carroll E.Craig, "Media Relations and Corporate Social Responsibility", *Handbook of Communication and Corporate Social Responsibility*, Oxford: Wiley-Blackwell, 2011.

或者组织、供应链和产业的演化等不同的层面探究其治理难题。同时,在供应链中的个人、组织并不是孤立的,他们构成的运行状态揭示了整个组织网络的社会结构和制度问题。故而通过深入研究产业网络,可以帮助我们更好地描述复杂的市场情境①,这与格兰诺维特、伯特和乌齐等经济社会学者的观点非常相似。②农业供应链的结构性变革,代表了它整体的价值创造逻辑是如何更好地适应历史、文化、政治与经济背景的。

(二) 农业供应链的影响因素

农业供应链作为农业系统的重要组成部分,既受到自然环境的影响,也受到国家法律、产业政策、体制模式、文化习俗、社会信任、社会权力等诸多社会要素的共同影响。从本章关注的社会影响要素的角度言之,社会制度和结构(宏观方面),各个成员的资源禀赋和能动性(微观方面),共同影响农业供应链的发展变化和治理。

1. 国家法律、产业政策

国家法律、国际标准、政府监管、产业政策等制度性因素,为农业供应链发展提供了外部条件,是农业供应链治理的重要方面。例如,政府监管对农业供应链运行产生了双重作用,既有支持作用,也有规范作用。此外传统的产业政策运用信贷、税收、政府补贴和市场竞争机制等,促进和鼓励企业技术创新。

2. 文化、权力、信任

农业供应链治理也受到文化、权力、信任等相关因素的影响。政府、企业等供应链参与者,通过倡导某种文化,推动农业的生产模式和运营过程的变化。例如,在可持续发展背景下,国家积极倡导光盘行动,营造节约粮食的文化氛围。减少食物浪费的政治与文化要求,使得农业供应链不断完善仓储、运输、保

---

① Kristian Möller, "Role of Competences in Creating Customer Value: A Value-creation Logic Approach", *Industrial Marketing Management*, Vol.35, no.8(2006), pp.913—924.

② Mark Granovetter, "The Impact of Social Structure on Economic Outcomes", *The Journal of Economic Perspectives*, Vol.19, no.1(2005), pp.33—50; Ronald Burt, "The Social Structure of Competition", *Explorations in Economic Sociology*, Vol.65(1993), p.103; Brian Uzzi, "The Sources and Consequences of Embeddedness for the Economic Performance of Organizations: The Network Effect", *American Sociological Review*, Vol.61, no.4(1996), pp.674—698.

存、消费等各个环节的管理,提高粮食利用效率。同时,农业供应链内部存在着复杂的权力结构和信任关系,例如,精英占据优势地位,更容易捕获资源,贫困人口难以获益;而供应链成员之间长期合作的信任关系为成员之间的合作奠定了基础,有助于降低供应链的交易成本。

六、农业供应链的治理转型

农业供应链治理是以从生产源头到餐桌的供应链为对象和任务的农业治理。作为一种研究方法,农业供应链研究具有适应性,并不以农业生产规模、经营方式、技术水平为限制条件,而是适用于各类不同类型的农业供应链。农业供应链治理已经成为研究者、政策制定者和商业管理者共同关注的重要议题。对农业供应链治理的政策措施、实践活动和具体模式,研究者和实践者都进行了广泛的探索。但是,不同的供应链相关者从自身的角度和利益出发,塑造了农业供应链治理的多重方式。当前,不同主体间供应链治理实践的分散化,导致了不同类型农业供应链治理的分割,难以形成有效的合力应对复杂的经济、社会和环境挑战,加剧了农业供应链的治理鸿沟。

为了弥合不同农业供应链治理实践的割裂,更好地应对不断涌现的发展不平等、气候变化、粮食危机等全球性共同挑战,农业供应链的可持续性治理成为焦点,而推动分散化的农业供应链治理迈向综合性的治理,有助于协调不同类型实践和参与者的多重资源与能力。综合性的农业供应链治理是应对农业供应链治理鸿沟的重要方式,它有助于更好地实现农业供应链的可持续发展。适应可持续发展目标的综合性农业供应链治理研究,是以下三个维度的演化结果:第一,供应链理论的分析边界,从企业内部、企业之间,扩展到外部的利益相关者;第二,供应链的价值创造来源,从减少资源浪费、提升消费者价值,发展为拓展共享价值;第三,供应链的治理机制分析,从不考虑关系,进化为考虑渠道的权力,再进化到重视利益相关者合作。①总体来看,从基于供应链内部过程与

---

① Andrew Fearne, Marian G. Martine and Benjamin Dent, "Dimensions of Sustainable Value Chains: Implications for Value Chain Analysis", *Supply Chain Management: An International Journal*, Vol.17, no.6(2012), pp.575—581.

活动的分散化治理转型为农业供应链的综合性治理,体现了供应链与外部的利益相关者合作,更好地应对复杂的经济、环境、社会挑战,创造共享价值的过程。

(一) 分散化治理

分散化治理是当前农业供应链治理的普遍现实,它适应了不同农业供应链治理主体的治理特点和治理目标,也就是说,分散化治理是根据企业、地区和国际层面的不同需要而形成的不同治理模式。同时,经济管理学、经济地理学和产业经济学以及伦理学和政治经济学等学科,都从自身视角研究农业供应链治理,化解学科所面临的关键性问题。这些不同学科的研究,不断强化着分散化的农业供应链治理。

具体而言,分散化的农业供应链治理有三个不同的治理层次:(1)企业层次,主要关注企业探索农业供应链管理和内部发展策略,它适应了企业的战略需要;(2)区域层次,根据区域发展和产业发展目标,重视政府职能,推动农业供应链整体发展,以服务区域和产业发展的各项目标;(3)国际层次,试图通过农业供应链治理实现利益相关者和重大国际组织所设立的扶贫、环境保护等国际性发展目标,它更多体现了农业供应链治理的伦理学和政治经济学属性。这些不同的农业供应链治理层次,具有自身的独特目标和积极作用,但不同层次的分化和割裂,导致了农业供应链治理的碎片化,使农业供应链越来越难以应对其所面临的综合性、复杂性的挑战。

1. 企业层面

在经济管理学科中,供应链治理主要是指企业的供应链治理,是将公司治理扩展至公司所在的供应链之中的产物。对于供应链治理来说,一个重要的概念就是交易成本。交易成本理论是由诺贝尔经济学奖得主科斯提出的。他在《企业的性质》一文中认为交易成本是"通过价格机制组织生产的,最明显的成本,就是所有发现相对价格的成本""市场上发生的每一笔交易的谈判和签约的费用"及为利用价格机制而导致的其他方面的成本。①也就是说,交易成本是买

---

① Ronald H. Coase, "The Nature of the Firm", *Economica-New Series*, Vol. 4 (1937), pp.386—405.

卖过程中所花费的全部时间和货币成本,包括传播信息、广告、与市场有关的运输以及谈判、协商、签约、合约执行的监督等活动所花费的成本。威廉森(Williamson)把新制度经济学定义为交易成本经济学。他广泛考察和研究了资本主义的各种主要经济制度,包括市场组织、对市场的限制、工作组织、工会、现代公司(包括联合企业与跨国公司)、公司治理结构、垄断与反垄断、政府监管,等等,并开创性地把交易成本的概念应用到对各种经济制度的比较和分析中,建立了一个全新的分析体系。威廉森指出,交易成本具体包括:(1)搜寻成本,即搜集商品信息与交易对象信息的成本;(2)信息成本,即取得交易对象信息以及和交易对象进行信息交换所需的成本;(3)议价成本,即针对契约、价格、品质讨价还价的成本;(4)决策成本,即进行相关决策与签订契约所需的内部成本;(5)监督交易进行的成本,即监督交易对象是否依照契约内容进行交易的成本,例如追踪产品、监督、验货等;(6)违约成本,即违约时所需付出的事后成本。①1985年,威廉森进一步将交易成本加以整理并区分为事前与事后两大类。(1)事前的交易成本:签约、谈判、保障契约等成本。(2)事后的交易成本:契约不能适应所导致的成本;讨价还价的成本,指双方调整适应不良的谈判成本;建构及营运的成本;约束成本,即为取信于对方所需之成本。交易成本理念强调减少不确定性和当前利益最大化。

公司层面的供应链治理,具有三个方面的重要作用。首先,供应链治理有助于避免个体理性带来的目标冲突,以及契约不完全导致的机会主义行为,从而减少企业的脆弱性,提高各个企业的效率和效益。其次,供应链有助于超越单一性的资源,以更多的资源、更大的优势来获得高质量发展的空间和机会。再次,供应链治理成为一种战略方式,在日益复杂和多元化的社会中,为企业发展赢得良好的外部环境。

国内的农业供应链研究重点关注企业的营利能力,并且集中在交易成本和金融服务两个方面。在交易成本方面,现有的研究着眼于降低农业价值链的运营成本、提高运营效率,尤其是农业产业链研究内在的商业模式、组织形式和利

---

① Oliver E. Williamson, "Transaction-cost Economics: The Governance of Contractual Relations", *Journal of Law and Economics*, Vol.22, no.2(1979), pp.233—261.

益机制等。而金融则有助于促进产业和经济发展,从而促进贫困人口就业和收入增加,同时金融服务也可以给贫困人口的生活和生产提高信贷支持,从而增加他们的发展机会。

企业层面的供应链治理,不仅关注经济利润,也越来越关注环境保护和社会发展等非经济层面。面对日益复杂、不确定性的供应链运行,需要发展生态农业、绿色农业,减少环境损耗、提高绿色发展能力,推动供应链的绿色、共享和可持续发展转型。环境保护涉及多个利益群体,并且不是单个企业所能够完全实现的。企业在推动环境保护、社会发展方面具有内在的局限性,而环境破坏和社区的人口、技能不足等,日益制约了企业对供应链的治理。

2. 区域层面

区域层面的农业供应链治理,关注供应链整体与区域之间的互动。随着全球化的发展,农业供应链在地域分布上呈现出明显的南北分异。南方发展中国家往往处于价值相对较低的农业供应链生产端,而北方发达国家则在供应链的下游获取了更高的利润和价值。例如,盛产茶叶、咖啡等农产品的发展中国家和地区,嵌入全球农业供应链,获得了低廉的收入。贫困地区的生产,对全球农业供应链获得经济利益起到了至关重要的作用,农业企业及其供应链需要充分考虑农民所在区域的生产条件和生产能力,以及农业供应链对地区发展所带来的各种影响。随着国家与国家之间、地区与地区之间贫富差距的增大,区域层面的农业供应链治理受到了广泛的关注。

研究者提出了供应链重构和升级等战略,优化利益创造与分配的方法,改善贫困地区或者弱势群体的社会发展环境。如关于金字塔底端(即弱势群体)的消费需求及市场机会的研究,企业社会责任感研究,公平贸易运动研究,替代性食品短链研究等。世界银行发展报告《让价值链更好地为穷人服务》(2008)①,积极推进农业供应链作为减贫战略的设计和执行框架,实现农业供应链的社会性功能拓展。现有研究积极推动农业供应链消除对弱势群体(如妇女及老年人)的社会排斥,加速人口就业、收入增长及技能提升(生产性

---

① Department for International Development, *Making Value Chains Work Better for the Poor*: *A Toolbook for Practitioners of Value Chain Analysis*, Cambodia: Agricultural Development International, 2008.

资源的投入、生产技能、市场知识、创新能力),最终实现机会均等和成果共享。要实现这一目标,最重要的一步就是深入分析农民复杂多样的需求和发展状况,尤其是由资源和资本所塑造的农民的生计,以及社区尺度资源、资本(金融资本、社会资本、自然资本、人力资本、设施资本、政治资本和文化资本)和优势。在供应链与地区互动的过程中,要关注人及其所在的社区所拥有的优势和资源,以及农业供应链治理对人和社区的能力建设起到的作用。可以说,区域层面的供应链治理,吸收了著名印度籍经济学家阿马蒂亚·森(Amartya Sen)的观点,他认为发展不是经济的增长,而是人的能力与自由,并批判了传统经济学方法对发展的研究。

同时,经济地理学者从制度和社会关系的角度,进一步分析了区域与农业供应链之间复杂的内在关系。嵌入性理论认为供应链根植于社会结构中,经济行为受所在社会化关系网络结构的影响,强调了供应链发展的路径依赖特征。随着全球化的不断发展,全球供应链要嵌入区域,而区域也具有融入全球农业供应链的强烈愿望。农业供应链的发展和演化受到地区环境,尤其是市场制度和区域性习俗的影响。农业供应链治理要关注资源的分配、享有和收益,要将区域环境分析融入其中,从而知道价值链如何影响区域发展。跨国性农业价值链转型与区域发展(尤其是"南方国家"的贫困地区)的"战略耦合",对区域发展有积极影响。然而,战略耦合是把"双刃剑",既推动了区域发展,也会加深区域内资源分布不均,进而产生新的社会矛盾。尤其是国际农业供应链升级过程中,面临地区权力关系不平等的障碍,地区精英能更好占有资源并维护自身的社会地位,从而导致新的地区不公平。可以说,嵌入农业供应链之中的区域面临着贫困、利益分配不合理、社会排斥等诸多方面的挑战,需要创新区域层面的供应链治理,实现更加包容、公平的区域发展。

3. 国际层面

中国的"一带一路"倡议首次提出了构建国际层面的新型供应链网络,推动中国与其他追求和平健康发展的国家之间基于经贸、基础设施、人才、技术和资金等多方面的合作体系。它以人类命运共同体的新型价值理念,指引国际间的合作治理,应对全球治理的市场失灵可能带来的不可预知的风险和危机。同时,它将共同发展为导向的新治理机制引入供应链,推动供应链走向以共同体发展为目标的治理。①当前,各国政府、国内外学者等都关注中国的"一带一路"倡议对于改写不公平的国际体系,构建公平、共享的供应链所具有的象征性意义。②农业供应链成为整合社区、区域乃至国际发展的一个战略平台,农业供应链治理涉及区域、国家和国际层面的合作治理,是整体性治理机制与治理能力的重要体现。

随着国内经济的蓬勃发展,中国已经成为全球最重要的农产品销售市场。国际市场与中国的贸易将日益频繁,而如何在国际贸易中增强双方的交流与互信、实现互利共赢,是我国国际发展战略的重要构成部分。农业供应链不仅是一个贸易的平台,更应该是一个创新的平台,它可以从根本上拓展和深化供应链及其利益相关者之间的合作,塑造多目标、多维度协同发展的新发展格局。命运共同体理念升级了各个国家之间相互依赖、彼此依存的关系。它是一个不断演化的生命有机体,相互关联的成员与国家之间,需要守望相助,需要承担彼此之间共同的责任,提高整体的可持续发展能力。

从共同体导向的视角看③,供应链治理是一个复杂的体系,它以开放性和创新性为导向,共同推动外部环境要素(包括科技、法律政策、文化)和内部协调要素(包括信任、合作、伦理道德责任、创新)相结合,构建可持续发展的供应链治理模式。共同体是一种具备超网络结构的网络,多元化的主体之间形成一种相互耦合的功能性网络。然而,共同体所构成的大网络具有内在的不确定性,也需要企业和区域层面的有效治理,提高其发展韧性,从而获得整个大网络的有效发展。

"共同体"逐渐成为公共治理的重要取向,发挥克服权力和责任的碎片化、缓解集体行动和协作困境的功能。从国际层面看,农业供应链治理既影响粮食安全、种子监管等传统安全议题,也涉及环境保护等非传统安全议题,因为农业发展依赖水、土等自然资源。尽管中国确立了生态文明、社会正义、可持续发展等全新发展理念,但中国的农业发展依然面临巨大的环境和社会挑战,它需要

---

① 桑百川、鲁雁南:《完善全球经济治理机制的战略思考》,载《国际贸易》2020 年第 8 期。

② 尹晨、李雪:《"一带一路"创新治理机制探析——基于全球政治社会学的视角》,载《复旦学报(社会科学版)》2020 年第 5 期。

③ 锁利铭:《面向共同体的治理:功能机制与网络结构》,载《天津社会科学》2020 年 6 期。

一个跨学科、合作性的研究框架,推动不同农业供应链治理实践的整合。

(二) 综合性治理

综合性治理是农业供应链治理的一种新方法,它表现为治理对象的综合性、治理过程的综合性和治理目标的综合性。综合性的供应链治理,需要把供应链成员和利益相关者整合起来,并且推动不同参与者在供应链治理过程中发挥各自独特的作用,从而实现经济、社会和环境等多重目标。综合性治理作为一种新的方法,有助于化解分散的供应链治理的内在不足:(1)难以应对多重挑战、多元目标共存的新发展背景带来的机遇和挑战。(2)供应链治理的碎片化模式,导致政策、资金、技术、人力和物力的投入分散,且缺乏持续性,难以从根本上解决供应链所面临的挑战和问题。(3)不利于实践知识的交流与分享。由于各个层级的供应链治理都面临着可持续发展的内在局限性,综合性的农业供应链治理,就应突破企业层面、地区层面和国际层面供应链治理层级分离的格局;避免各个层级供应链发展过程的片面化;在互动与融合中植入可持续发展的价值理念,从而构建供应链、地区和国家发展之间的复杂联系,整合碎片化的行动和网络,共同应对和化解挑战,推动和形成新发展格局。

1. 治理资源整合

综合性的农业供应链治理,是一种治理过程的路径创新,推动供应链各项资源的整合:(1)外部环境和内部力量有效整合;(2)跨学科的应对方案,实现治理升级,打破学科壁垒,整合不同的视角,深化对农业供应链治理的整体性理解;(3)构建一个治理系统,一个系统中有多个小系统,而各个小系统之间相互耦合,推动了从单一网络研究转向多网融合的大系统的研究。综合性供应链治理不仅有助于推进农村发展革新的目标,而且有助于实现不同行业、整个食品系统、城乡协同发展等变革目标。

2. 治理层级整合

供应链治理具有多重适应性,既可以从供应链内部的企业、供应链整体角度,也可以从依托供应链的利益相关者角度来看。从供应链治理的层级看,可以作用于企业(或者产业)、区域(或者国家)和国际(或者全球)三个不同层面。从企业和产业层面看,农业供应链发展要积极推动供应链的各个成员之间的协

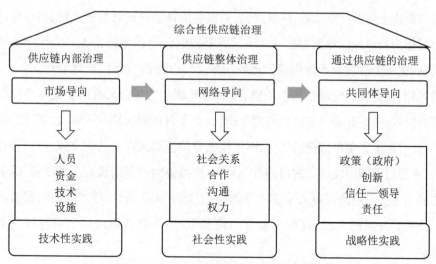

图2.1　供应链治理的目标导向和内在机制变迁

调与合作,从而抢抓市场机遇,实现企业和产业整体的共同发展。从区域层面看,农业供应链有助于使农村和农业生产融入广阔的市场,从而扩展区域发展的机遇。可以说,农业供应链扩充了区域发展的社会资本,有助于区域获得新的发展机遇。从全球层面来说,农业供应链是推动南北资源流动和资源分配的重要途径,其理论是融合和拓展前两种治理模式的理论革新。综合性供应链治理,需要构建供应链与企业、地区、国家乃至全球发展之间的内在关系,进而创新和改革供应链治理的理论与实践,更好地践行可持续发展的使命与责任。

农业供应链治理的不同层级对应着不同治理模式:第一,农业供应链的内部治理是一种局部性的治理;第二,农业供应链的整体治理是全局性的治理;第三,农业供应链的治理致力于实现政治、经济、环境和社会等不同层面的目标。这些不同的农业供应链治理模式,体现了供应链治理作为一种方法,在不同的对象和层级发挥作用。综合性的农业供应链治理,则是把供应链内部、供应链整体和供应链外部等不同层级,作为一个整体性的系统进行重新思考,进而整合成一个具有适应性和创造性的新系统。

3. 治理理念的整合

农业供应链治理的不同过程和不同实践,体现了不同的治理理念。具体而言,企业层面,是以供应链治理的技术性为基础,通过完善供应链治理的技术和方法提高企业的经济效益;区域层面,重视供应链治理的社会嵌入性,将供应链治理作为社会和区域发展的一种方式;国际层面,将供应链治理作为国际治理机制,化解全球发展不均衡等伦理性问题。综合性的农业供应链治理,需借助技术性、社会性和伦理性理念的整合,而治理理念的整合又有助于化解不同层面的挑战,从而促进多主体之间的合作、推动多目标的实践。同时,治理理念的整合,有助于重塑供应链的结构,即依托农业供应链来深入认识个体、群体和社会,并通过不同层级成员的协商性治理①,挖掘协同创新的机会。可以说,综合性的农业供应链治理融入了多元化的价值理念;从全局性、根本性的问题重构经济社会发展的大局;有助于提升治理能力,推动农业供应链的可持续发展转型。

综合性的农业供应链治理,是超越分散性的农业供应链治理的一种新方法,也是供应链治理转型的一种体现。虽然学术界呼吁实现综合性的农业供应链治理,但具体的、可落地的运行方案需要不断地探索,需要与具体的经济、社会和环境运行实践相结合。随着可持续发展目标的确立和深化,综合性的农业供应链治理为贯彻落实可持续发展目标的不同方面,提供了可供借鉴的方法和思路。农业供应链从分散化迈向综合化的治理转型,也是实现可持续发展的必然要求。

七、小　结

作为一套系统的商业活动,供应链不仅要不断地创造商业价值,也要满足环境和社会发展的需要。故而,参与供应链的各个成员,需要积极践行可持续发展的目标。众所周知,经济与社会和环境是密不可分的统一体,一个缺乏公平性、开放性、共享性的社会和资源枯竭的环境,将严重制约和阻碍供应链的发展。供应链的外部性要求供应链治理超越对内部和本身的关注,积极处理供应链所带来的外部效应,承担经济社会发展的责任。供应链治理应积极推动经济

---

① Niall O'Shea, "Governance: How We've Got Where We Are and What's Next", *Accountancy Ireland*, Vol.37, no.6(2005), pp.33—37.

增长与社会公平和环境保护方面的共同发展,以强化不同领域和主体间的合作、创新自身的发展模式并挖掘潜在的发展机遇,从而更好地适应并且应对风险性、复杂性、不确定性叠加的商业环境。

供应链治理在推动经济发展的同时,积极地化解环境和社会问题,体现了供应链治理的巨大理论价值和现实意义。综合性的农业供应链治理,是推动企业、产业乃至国家发展的一种方式。它要求推动多层次的模式创新,不断打破固有的认知、思维和视野;推动广泛的交流、协商与合作,实现共建、共创、共赢和共享。换言之,综合性农业供应链治理超越了企业范围,需要跨部门、多参与者与国家和政府之间的协商与合作,应该是一个跨层级、多元化的过程,是一个涵盖个体、组织或社区、区域、国家和国际(国家间)的复杂体系;需要克服头痛医头脚痛医脚的片面性,致力于获得跨层级的影响力,突破市场-政府(或国家)二分,把政府或国家看作治理框架之中的一个层级,既是供应链的参与者也是治理活动的参与者。农业供应链治理不仅是对农业生产、加工、运输和销售流程的治理,更是对各个参与者和支持者的嵌入性关系的治理。

乡村振兴、经济社会转型、产业政策和国际环境等背景,对加强综合性农业供应链的研究产生了倒逼效应。我国面临复杂的国际国内农业发展局势:一方面,小农户在中国农业供应链中占主导地位,对农民和农村的现状和发展机制的深入理解和系统研究,有助于突破农业供应链的发展困境,践行时代赋予的发展使命;另一方面,农业供应链与国际关系存在密切的联系,国际农业供应链的运行状态,在一定程度上体现了国际关系发展的动态,对我国农业发展的国际化战略构成直接的影响,同样需要对农业供应链展开综合研究。

第三章　农业供应链治理与社区发展

——从脱嵌到再嵌入

一、引　言

农业供应链涉及的行为者包括农民、批发商、零售商和消费者。农业供应链所承载的关系不仅包括农产品的买卖关系,还包括信息的交换、不同部门的协作和其他社会关系。它们越来越被视为包含各种资本和社会关系的结构化网络,而不是一系列自主的商业交易。参与者之间联系的发展使得供应链能够更好地满足市场需求并提高业务绩效。[①]因此,对供应链参与者之间关系和结构安排的重要性的认识,导致了供应链运作以及优化方式的重大转变。

农业供应链与农村社区的经济社会功能在两个方面相互作用。一方面,生产者参与农业供应链可能会促进农村社区的发展,通过更好的农产品价格增加农民的收入。这意味着,通过改善供应链功能,可以解决贫困和环境退化等农村社会问题。另一方面,农村社区领导人和组织通过推动当地设施建设和经济发展,促进农业生产者更好地融入国内和国际农业供应链。

农村地区的发展动能[②]与商业可行性市场机会存在潜在的联系[③]。然而,

---

① Douglas M.Lambert and Martha C.Cooper, "Issues in Supply Chain Management", *Industrial Marketing Management*, Vol.29, no.1(2000), pp.65—83; Robert D.Klassen and Ann Vereecke, "Social Issues in Supply Chains: Capabilities Link Responsibility, Risk (Opportunity), and Performance", *International Journal of Production Economics*, Vol.140, no.1(2012), pp.103—115.

② Ruth Liepins, "New Energies for an Old Idea: Reworking Approaches to Community in Contemporary Rural Studies", *Journal of Rural Studies*, Vol.16, no.1(2000), pp.23—35.

③ Robyn Eversole, Lea Coates and David Wells, "Rural Development from the Ground up: Agrofood Initiatives in Tasmania", *Development Practice*, Vol.25, no.5(2015), pp.703—714.

农村社区社会经济发展并不总是与农业供应链的改善呈现正相关性。近年来，一些农业供应链的功能可能仅仅增强了某些农业企业的权力①，并可能过度侵蚀和消耗农村地区环境资产、社会资本②和文化资源。农村发展状况的恶化，反过来又会给农业供应链造成消极的影响，如经营风险增加、竞争力下降、客户购买产品的意愿降低。③

　　因此，思考供应链和社区发展的关系不应忽视供应链责任这一关键概念。农业供应链不仅要解决商业问题，还应解决社会关系问题④，并参与支持社区可持续发展⑤。这是因为可持续发展的三大支柱，无论按照"3P"说（profit、people、planet，即利益、人和地球），还是按照"3E"说（efficiency、equity、environment，即经济效益、社会公平和环境保护）⑥，抑或按照"三重底线"说（triple bottom line），在根本上都是相互关联的。相关农村社区的社会和经济发展可以支持或阻碍农业供应链的绩效⑦，反之亦然⑧。农业供应链责任可定义为"供应链的相关主体创建超出了狭隘的经济、技术和法律要求的，具有积极意义的系统，将供应链期待的利润与社区可持续发展连接，通过创建社区的社会和环境

　　①　Mark Vicol, Jeffrey Neilson, Diany F.S.Hartatri and Peter Cooper, "Upgrading for Whom? Relationship Coffee, Value Chain Interventions and Rural Development in Indonesia", *World Development*, Vol.110(2018), pp.26—37.

　　②　Manuel Castells, *The Rise of the Network Society*, New York：John Wiley & Sons,2011.

　　③　Alex Hiller and Tony Woodall, "Everything Flows：a Pragmatist Perspective of Trade-offs and Value in Ethical Consumption", *Journal of Business Ethics*, (2018), pp.1—20.

　　④　Rachel Duffy, Andrew Fearne, Sue Hornibrook, Karise Hutchinson and Andrea Reid, "Engaging Suppliers in Crm：the Role of Justice in Buyer—supplier Relationships", *International Journal of Information Management*, Vol.33, no.1(2013), pp.20—27; Robert Klassen and Ann Vereecke, "Social Issues in Supply Chains：Capabilities Link Responsibility, Risk (opportunity), and Performance", *International Journal of Production Economics*, Vol.140, no.1(2012), pp.103—115.

　　⑤　Michael E.Porter and Mark R.Kramer, "Creating Shared Value", *Harvad Business Review*, Vol.89, no.1(2011), pp.62—77.

　　⑥　Gary P. Green and Anna Haines, *Asset Building and Community Development*, Thousand Oaks：Sage Publication, 2011.

　　⑦　Michael E.Porter and Mark R.Kramer, "Creating Shared Value", *Harvad Business Review*, Vol.89, no.1(2011), pp.62—77.

　　⑧　Angela Tregear, "Progressing Knowledge in Alternative and Local Food Networks：Critical Reflections and a Research Agenda", *Journal of Rural Studies*, Vol.27, no.4(2011), pp.419—430; David Neven, *Developing Sustainable Food Value Chains*, FAO, 2014.

效益来保障供应的经济价值"①。供应链责任的概念借鉴了一系列社区发展原则和方法,②使得社区利益实现的同时供应链获得商业利润拥有了理论上的可能。

尽管供应链责任包含了推动社区发展的巨大潜力,但供应链责任能在多大程度上推动社区发展以及如何推动社区发展还存在研究不足的问题。③本章的目的是系统梳理相关文献,探讨供应链责任与社区发展之间的联系。本章运用交易价值和革新价值这两个概念来理解农业供应链与农村社区之间相互作用的本质。为此,本章试图综合农业供应链与农村社区发展联系的不同主张,进一步为财富导向和社区导向的供应链责任提供理论阐释。本章围绕这些概念和过程展开,而不是围绕特定的理论视角展开。明确这些概念有助于深入理解具有跨学科性质的供应链责任议题、整合关键性的研究主题和应用不同的理论视角。

概念构建,即社会实体的类属分析,在已有的研究④和综述⑤中被广泛使用。不同于描述总体方法或普遍演绎原则的研究进路⑥,本章侧重于探索供应

---

① Laura Spence and Michael Bourlakis, "The Evolution from Corporate Social Responsibility to Supply Chain Responsibility: the Case of Waitrose", *Supply Chain Management: An International Journal*, Vol.14, no.4(2009), pp.291—302.

② Jeffrey C.Bridger and Theodore R.Alter, "An Interactional Approach to Place-based Rural Development", *Community Development*, Vol.39, no.1(2008), pp.99—111; Gary P.Green and Anna Haines, *Asset Building & Community Development*, Thousand Oaks: Sage Publication,2011; Norman Walzer, Liz Weaver and Catherine McGuire, "Collective Impact Approaches and Community Development Issues", *Community Development*, Vol.47, no.2(2016), pp.156—166.

③ Cristina Gimenez and Elcio M.Tachizawa, "Extending Sustainability to Suppliers: A Systematic Literature Review", *Supply Chain Management: An International Journal*, Vol.17, no.5(2012), pp.531—543.

④ Laura Spence and Michael Bourlakis, "The Evolution from Corporate Social Responsibility to Supply Chain Responsibility: The Case of Waitrose", *Supply Chain Management: An International Journal*, Vol.14, no.4(2009), pp.291—302; Rob Van Tulder, Jeroen Van Wijk and Ann Kolk, "From Chain Liability to Chain Responsibility", *Journal of Business Ethics*, Vol.85, no.2(2009), pp.399—412.

⑤ Jose Luis Vivero-Pol, "The Idea of Food as Commons or Commodity in Academia: A Systematic Review of English Scholarly Texts", *Journal of Rural Studies*, Vol.53(2017), pp.182—201; Simon R.Bush, Peter Oosterveer, Megan Bailey and Arthur P.J.Mol, "Sustainability Governance of Chains and Networks: A Review and Future Outlook", *Journal of Cleaner Production*, Vol.107(2015), pp.8—19.

⑥ Dirk Matten and Jeremy Moon, "'Implicit' and 'Explicit' CSR: A Conceptual Framework for a Comparative Understanding of Corporate Social Responsibility", *Academy of Management Review*, Vol.33, no.2(2008), pp.404—424; Ute Stephan, Malcolm Patterson, Ciara Kelly and Johanna Mair, "Organizations Driving Positive Social Change a Review and an Integrative Framework of Change Processes", *Journal of Management*, Vol.42, no.5(2016), pp.1250—1281.

链与社区的互动关系、动态过程和社会关系。这种基于特定情境的思维方式,融合了分析逻辑和理论概念化。①本章的主要贡献是探讨农业供应链功能与社区发展之间的相互联系,旨在构建一个跨学科的供应链责任理论。

供应链责任理论具有重要的理论和现实价值。由于国家政策和社会舆论的压力,商业伦理的考量重心正从自身经济利润转向兼顾社会发展。农业企业网络构成的农业供应链开始承担更多的政治责任,尤其是推动农业供应链与贫困农村社区(和小农户)的衔接。然而,现代化和市场化的农业供应链与农村社区具有不同的内在逻辑和价值理念,进而导致了农业供应链与农村社区整合的不同模式。本章依托农业供应链责任的视角,深入探索农业供应链与农村发展衔接的不同模式:财富导向模式和社区导向模式。其中,财富导向的供应链责任将农村发展作为提升农业供应链发展水平的手段,社区导向的供应链责任致力于撬动社区的内在能力,实现供应链与社区的协同发展、价值共享。通过深入农业供应链与农村社区整合的不同方式,本章为创建一个和谐健康、公平正义的社会提供了重要的理论和实践启示。

本章共分六个部分,第一部分介绍供应链责任的综合概念和观点,以及它与社区发展整合的不同实践逻辑和价值理念。第二部分论述了构建供应链责任概念的理论范围和研究方法。第三部分定义并解释了供应链责任的概念,以及农业供应链和社区发展等关键性概念。第四部分探讨了供应链责任的复杂性质,它将深入阐释供应链责任的不同价值取向——交易价值和变革价值,而财富导向的供应链责任和社区导向的供应链责任都能促进社区发展。借鉴不同的社区发展方法,它还重构了社区导向供应链责任的理念内涵。第五部分反思了供应链责任可以为农业供应链中的社区发展和可持续性提供什么。第六部分给出结论和未来可能的研究重点。

---

① Peter Ping Li, "Global Implications of the Indigenous Epistemological System from the East How to Apply Yin-yang Balancing to Paradox Management", *Cross-Cultural Strategic Management*, Vol.23, no.1(2016), pp.42—77; Richard E.Nisbett, Kaiping Peng, Incheol Choi and Ara Norenzayan, "Culture and Systems of Thought: Holistic Versus Analytic Cognition", *Psycholoigcal Review*, Vol. 108, no.2(2001), p.291.

二、研 究 的 视 角

一系列理论和概念框架描述了农业供应链①和食品产业对农村社区的可能影响②。然而，这些理论和概念框架侧重于具体的分析层次和范围，并没有将供应链动态变化与农村社区发展问题结合起来。为了弥补这一知识缺口，我们提出了一个更大的供应链责任理论框架，分析农业供应链与农村社区功能之间的动态关系。

尽管供应链责任、农业食品供应链和社区发展是不同学科的研究主题，但它们在参与者方面存在交叉，并且共享可持续性发展所带来的机会与利益。农业供应链为农村社区创造共享价值需要整合三个领域内的共同议程和行动。借鉴布卢默提出的实用主义方法论③，概念是一种工具，可以简化复杂的情况，塑造对特征和行为的信念和期望。概念的意义是通过不同的认知表征来构建和重建的。不同知识的交叉融合展现了供应链和社区的内在复杂性，这也推动了创新行动和问题解决。

本章的探究逻辑是通过知识的综合和比较分析，讨论供应链责任和社区发展的相互联系。本章使用视野审查的文献综述方法来梳理和总结供应链和社区发

---

① Simon Bolwig, Stefano Ponte, Andries du Toit, Lone Riisgaard and Niels Halberg, "Integrating Poverty and Environmental Concerns Into Value-chain Analysis: A Conceptual Framework", *Development Policy Review*, Vol.28, no.2(2010), pp.173—194; Jeffery Neilson and Bill Pritchard, 2009, *Value Chain Struggles: Institutions and Governance in the Plantation Districts of South India*, Oxford: Blackwell; Jason Donovan and Nigel Poole, "Asset Building in Response to Value Chain Development: Lessons from Taro Producers in Nicaragua", *International Journal of Agricultural Sustainability*, Vol. 11, no.1(2013), pp.23—37.

② Stephanie Barrientos, Gary Gereffi and Arianna Rossi, "Economic and Social Upgrading in Global Production Networks: A New Paradigm for a Changing World", *International Labour Review*, Vol.150(2011), pp.319—340; Lee Pegler, "Peasant Inclusion in Global Value Chains: Economic Upgrading but Social Downgrading in Labour Processes?" *Journa of Peasant Studies*, Vol.42, no.5 (2015), pp. 929—956; Mark Vicol, Jeffrey Neilson, Diany F. S. Hartatri and Peter Cooper, "Upgrading for Whom? Relationship Coffee, Value Chain Interventions and Rural Development in Indonesia", *World Development*, Vol.110(2018.), pp.26—37; Benjamin Selwyn, "Social Upgrading and Labour in Global Production Networks: A Critique and an Alternative Conception", *Competiton & Change*, Vol(17), no.1(2013), pp.75—90.

③ Herbert Blumer, "Science without Concepts", *American Journal of Sociology*, (1931), pp.515—533.

展概念,综合这些知识,比较性地分析两个领域之间的内在联系。该方法不仅考察相关主题的广度,也考虑其深度,并依据主题之间的整体联系来获得结论。①本章旨在通过全面的文献综述审视农业供应链和社区之间已有的以及潜在的相互作用,并通过知识综合来澄清复杂的概念,洞悉未来研究的问题和主题。

本章采用归纳和溯因的方法,对现有的研究证据进行整理、评价和呈现,描绘了供应链与农村可持续发展整合的理念和行动的转变过程。供应链责任概念的构建过程将多个研究框架融合为一个完整而有意义的统一体。如表 3.1 所示,本章回顾了 130 项文献。这些文献被分为三个主题:对供应链责任的理解、农业供应链研究和社区研究。每个主题都包含不同的主题和文献信息。

表 3.1 文献的总结

| 主　题 | 视　角 | 文章数量 | | | 总计 |
		文献综述	理论研究	实证研究	130
理解供应链责任	商业和供应链责任的哲学和概念议题,	5	8	2	15
	责任议题,如商业的政治角色、制度和治理	7	12	5	24
供应链研究-交易价值	供应链中经济、社会、环境议题的整合	2	4	9	15
	组织优势,如资源、动态能力和动态的社会变化	3	5	1	9
	供应链的社会联系,如食物短链、产业集群、社会企业、跨组织的合作或者同盟	2	3	6	11
社区研究-变革价值	提升社区资本、可持续生计和社会网络	0	3	9	12
	社区发展的相关视角和理论	1	17	2	20
	社区发展的本质和动态过程,如社会凝聚力、治理和基层能力		6	17	24

本章并不是一个涵盖了供应链责任、农村社区发展及农业供应链的背景、运行和议题的详尽历史回顾。相反,它选择性地回顾了跨维度的文献,从而批判性地建构供应链责任的不同视角。这些不同的视角,有助于对供应链责任及

---

① Danielle Levac, Heather Colquhoun and Kelly O'Brien, "Scoping Studies: Advancing the Methodology", *Implement Science*, Vol.5, no.1(2010), p.69; Hilary Arksey and Lisa O'Malley, "Scoping Studies: Towards a Methodological Framework", *International Journal of Social Research Methodolology*, Vol.8, no.1(2005), pp.19—32.

其与社区发展整合的全面理解。

三、关键概念

（一）农业供应链

　　农业供应链，又称农产品供应链，一般被定义为将农产品从农场送到消费者手中的过程，受市场结构和经济动态影响，尤其受不同农产品供应链所涉及的产业状况、制度性、地理性、文化性因素的影响。农业供应链的发展被商业组织、农业部门和国际组织用于减轻农村贫困。[1]这些不同类型的组织认为，供应链可以提供创造经济价值的机会，从而帮助农村贫困人口从不断提升的农产品销售中获得利益。这种供应链层面的行动表明了一种协作性的商业文化，它结合了不同参与者的资源，使所有的参与者获得最大的利润。

　　供应链代表了参与者分散行为之间的联系，它也促进了社会关系和社会结构的形成。[2]布迪厄将社会安排等结构构想为"场域"。[3]社会结构"场域"由行动者相互作用、共同行动和形成关系的过程组成。吉登斯将这一过程称为"结构化"[4]，因为惯例、规则、资源、人们的习惯（文化）和知识有助于创造社会结构。吉登斯深入探讨了人们如何根据规则和期望有选择地行动，并指出这种行动受到人类社会中价值观、制裁和已建立秩序形式的影响。在农业食品体系中，产业供应链和替代性农业食品供应链构成了两种不同的社会结构。特定的农业食品供应链过程将一个地方的人们的各种关系、文化和社会互动聚集在一起[5]，这表明

----

　　① Jason Donovan, Steve Franzel, Marcelo Cunha, Amos Gyau and Dagmar Mithofer, "Guides for Value Chain Development: A Comparative Review", *Journal of Agribusiness Development in Emerging Economy*, Vol.5, no.1(2015), pp.2—23.

　　② Wu Zhaohui and Madeleine E.Pullman, "Cultural Embeddedness in Supply Networks", *Journal of Operation Management*, Vol.37(2015), p.45.

　　③ Pierre Bourdieu, *The Logic of Practice*, Cambridge: Polity, 1990.

　　④ Anthony Giddens, *Central Problems in Social Theory: Action, Structure, and Contradiction in Social Analysis*, Vol.241, Oakland: University of California Press, 1979.

　　⑤ David S.Conner, "Expressing Values in Agricultural Markets: An Economic Policy Perspective", *Agricultural and Human Values*, Vol.21, no.1(2004), pp.27—35; David L.Levy, Juliane Reinecke and Stephan Manning, "The Political Dynamics of Sustainable Coffee: Contested Value Regimes and the Transformation of Sustainability", *Journal of Management Studies*, Vol.53, no.3(2016), pp.364—401.

一种社会结构能够适应不同的制度背景,并进一步重塑参与者网络①。此外,规则和资源的变化也推动了新的社会结构的出现。②结构或"场域"是意义、逻辑和行动在综合实践语境中的集合。农业供应链的结构包括在个人、组织和社会层面上相互联系或相互影响的行动者和制度,调节着实践和关系的稳定性和动态性。与这一观点一致,松尼诺和马斯登强调理解供应链的概念需要结合其在不同空间尺度中的社会结构演化。③

(二) 供应链责任

商业研究中有许多关于责任的概念和定义,以及关于实现责任的行动的研究。④在大多数情况下,企业的社会责任是指一个组织在创造经济财富的同时保持道德的、负责任的商业行为的能力。⑤社会责任的概念和支持社会责任的行动随着社会和社区规范而不断变化。可持续农业的社会责任意味着企业需要面对环境退化、全球气候变化、贫困、社会排斥、不平等、肥胖、营养不良和价格波动等问题。⑥这些定义表明,企业社会责任的核心议题是企业与社会之间的利益关系,特别是社区从私人投资和经济活动中获得的利益。⑦

---

① Sini Forssell and Leena Lankoski, "The Sustainability Promise of Alternative Food Networks: An Examination through 'Alternative' Characteristics", *Agriculture and Human Values*, Vol.32, no.1 (2015), pp.63—75.

② Bob Jessop, "Institutional Re(turns) and the Strategic—relational Approach", *Environment Planning*, Vol.33, no.7(2001), pp.1213—1235.

③ Roberta Sonnino and Terry Marsden, "Beyond the Divide: Rethinking Relationships between Alternative and Conventional Food Networks in Europe", *Journal of Economic Geography*, Vol.6, no.2 (2006), pp.181—199.

④ Archie B.Carroll, "The Pyramid of Corporate Social Responsibility: Toward the Moral Management of Organizational Stakeholders", *Business Horizon*, Vol.34, no.4(1991), pp.39—48; Donna J.Wood, "Measuring Corporate Social Performance: A Review", *International Journal of Management Review*, Vol.12, no.1(2010), pp.50—84; Donna J.Wood, "Corporate Social Performance Revisited", *Academy of Management Review*, Vol.16, no.4(1991), pp.691—718.

⑤ Herman Aguinis and Ante Glavas, "What We Know and Don't Know about Corporate Social Responsibility: A Review and Research Agenda", *Journal of Management*, Vol.38, no.4(2012), p.933.

⑥ Terry Marsden, "From Post-productionism to Reflexive Governance: Contested Transitions in Securing More Sustainable Food Futures", *Journal of Rural Studies*, Vol.29(2013), pp.123—134.

⑦ Krzysztof Dembek, Praksh Singh and Vikram Bhakoo, "Literature Review of Shared Value: A Theoretical Concept or a Management Buzzword?" *Journal of Business Ethics*, Vol.137, no.2(2016), pp.231—267.

但是责任的概念集中在组织层面,它关注的是企业经营中的道德和负责任的行为,以及给社会带来的经济、社会和环境利益。商业活动的结果受到一系列复杂因素的影响,如制度①、组织和个人构成的网络的特点②,以及组织适应市场和社会需求的能力③。研究越来越强调这些因素的共同作用创造了商业和社会成果。这表明,我们不能将一个过于简化的责任概念应用于供应链研究。这与扬基于网络逻辑提出的责任理念是一致的,他强调多种社会联系影响了商业结果。④在企业和社会之间的互惠关系中,网络化的责任理念重点分析不同类型的供应链间的相互依赖和共同行动。

供应链责任应当包括供应链需要共同考虑、应对经济、技术和法律要求以外的议题,并创建一个回馈性的系统,将期待的利润与社区可持续发展联系起来,通过为社区创建社会和环境效益来获得经济价值。农业供应链责任评估了农业供应链和社区网络的关系的深度和质量。与组织结构层面的责任概念强调对社会压力和挑战的反应(内向思考)不同,基于网络逻辑的供应链责任考虑组织或组织的网络如何在更广泛的领域影响环境和社会发展(外向思考)。供应链责任的发展和执行依赖供应链参与者的内在信念和价值观,它侧重于构建发展公平、有效和赋能的集体网络,以及对社区的贡献,而不仅仅是参与者的收益。因此,供应链责任将参与者的盈利动机和网络以及社区的利益整合起来。

(三) 农业和食品系统中的社区发展

社区发展是一个由社区成员沟通和联合行动的过程,致力于构建社区资

---

① Dirk Matten and Jeremy Moon, "'Implicit' and 'Explicit' CSR: A Conceptual Framework for a Comparative Understanding of Corporate Social Responsibility", *Academy of Management Review*, Vol.33, no.2(2008), pp.404—424.

② Thomas Y.Choi and Yusoon Kim, "Structural Embeddedness and Supplier Management: A Network Perspective", *Journal of Supply Chain Management*, Vol.44, no.4(2008), pp.5—13.

③ Philip Beske, Anna Land and Stefan Seuring, "Sustainable Supply Chain Management Practices and Dynamic Capabilities in the Food Industry: A Critical Analysis of the Literature", *International al Journal of Production Economics*, Vol.152(2014), pp.131—143.

④ Iris M.Young, "Responsibility and Global Justice: A Social Connection Model", *Social Philosophy Policy*, Vol.23, no.1(2006), pp.102—130.

产和能力,从而改善经济机会,增强社区功能、组织和能力。①社区发展学者经常强调这一过程中的不同方面,如社区的适应能力、社区韧性②和社区的整体发展③。

　　在本章中,社区被视为社区成员之间以及他们与其他行动者之间互动的一个场域。互动场域视野下的社区有三个组成部分:(1)地域或地方;(2)支持居民之间定期互动的社会组织或机构;(3)在涉及共同利益问题上的社会互动。④这种观点显示,一个社区并不依赖于成员之间的物理距离,也不只是依赖于社区成员的共同身份和规范。它强调个人和组织之间的互动过程和机制构建了社区。互动场域视野把社区关系作为社区的基础,它将社区看作各种行动者、联系和互动过程的整体,社区随着内部和外部因素的变化而演化。因此,农业和食品系统中的社区可以被视为供应链参与者和农村社区中提供农产品且具有关系纽带成员之间的关系网络。

　　根据互动场域视野,社区发展包含了一个提高认识、组织、动员和自我导向的行动过程,它致力于提高社区的社会、物质、经济和环境资产。社会资本在社区发展中具有重要作用,而真正的社区资本应该是一种具有平等性、能动性和包容性的创业型社会基础设施。有学者用嵌入不同行动者互动过程中的显性

---

①　Gary P.Green and Anna Haines, *Asset Building & Community Development*, Thousand Oaks: Sage Publication, 2011; John J.Green, "Community Development as Social Movement: A Contribution to Models of Practice", *Community Development*, Vol. 39, no.1(2008), pp.50—62.

②　Fikret Berkes and Helen Ross, "Community Resilience: Toward an Integrated Approach", *Society & Natural Resources*, Vol.26, no.1(2013), pp.5—20; Jim Cavaye and Helen Ross, "Community Resilience and Community Development: What Mutual Opportunities Arise from Interactions between the Two Concepts?" *Community Development*, Vol.50, no.2(2019), pp.181—200; Alex Zautra, John Hall and Kate Murray, "Community Development and Community Resilience: An Integrative Approach", *Community Development*, Vol.39, No.3(2008), pp.130—147.

③　Jnanabrata Bhattacharyya, "Theorizing Community Development", Journal of *Community Development Society*, Vol.34, no.2(2004), pp.5—34; John J.Green, "Community Development as Social Movement: A Contribution to Models of Practice", Community *Development*, Vol. 39, no. 1 (2008), pp.50—62; Gary P.Green and Anna Haines, *Asset Building & Community Development*, Thousand Oaks: Sage Publication, 2011; Norman Walzer, Liz Weaver and Catherine McGuire, "Collective Impact Approaches and Community Development Issues", *Community Development*, Vol.47, no.2(2016), pp.156—166.

④　Kenneth P.Wilkinson, *The Community in Rural America*, Boston: Greenwood Publishing Group, 1991.

制度安排来解释社区。布里杰与阿特尔①和埃弗索尔②指出,社区内部的联系(社会资本)和互动网络,有助于弥补政府在应对社区衰退方面的能力不足。农村发展政策要考虑政策活动与"一般性的地方导向行动"之间的交界面,从而有助于获取长期利益而不是短期效果。合作行动和个人利益以及集体利益之间的融合,有助于以社区为基础的组织合作从而解决共同关注的问题。③

互动视野下的社区发展根植于实用主义哲学,该哲学支持将社区和社区发展的概念结合到农业供应链研究中。正如布卢默所表明的,社区是通过参与者之间集体形式的行动来创建和维持的。④语言、交流和话语中所反映的意义能引导这些行动。具有主观能动性的社区成员会创造和改变社会关系。由于行动者在社会互动之中能够构建新的意义,进而改变社会结构,故而随着批判性思维、新的信息和观点被纳入社会结构之中,意义也会随着时间的推移而变化。这些要素可以从供应链参与者和社区之间的潜在关系中看到,特别是从以农业为基础的农村社区中看出来。

四、从财富导向到社区导向的供应链责任

在探索供应链责任和社区发展时,交易价值和变革价值这两种价值取向具有引领性。这些价值取向与两种形式的供应链责任直接相关——财富导向的供应链责任和社区导向的供应链责任。两种形式代表了供应链与农村社区的不同整合方式(表3.2),每一个都涉及不同的策略、惯例和操作。当前农业供应链责任的主导形式是财富导向的供应链责任,行动主要基于供应链参与者之间

---

① Jeffrey C.Bridger and Theodore R.Alter, "An Interactional Approach to Place-based Rural Development", *Community Development*, Vol.39, no.1(2008), pp.99—111.

② Robyn Eversole, "Community Agency and Community Engagement: Re-theorising Participation in Governance", *Journal of Public Policy*, Vol.31, no.1(2011), pp.51—71; Robyn Eversole, "Remaking Participation: Challenges for Community Development Practice", *Community Development Journal*, Vol.47, no.1(2012), pp.29—41.

③ Kenneth C.Bessant, "An Interactional Approach to Emergent Interorganizational Fields", *Community Development*, Vol.45, no.1(2014), pp.60—75.

④ Herbert Blumer, "Social Problems as Collective Behavior", *Social Problem*, Vol.18, no.3 (1971), pp.298—306.

的交易关系,而实际上没有考虑更广泛的社区影响或利益。

表 3.2　财富导向和社区导向供应链责任的比较

	财富导向的供应链责任	社区导向的供应链责任
框架逻辑	农村社区是农业供应链的一部分	农村社区在农业供应链中具有特殊性
理论角度	通过运作整合和一体化来提高效率	基于政治经济学的体制正义
	通过消费者价值来获得竞争优势	创造共享价值的商业文化
	通过食品认证来获得合法性	女性主义伦理-赋能和个体能力发展
目标或者意义	交易价值	革新价值
实践的性质	在社区中的自我发展(任务的达成)	社区整体的发展(社会结构的塑造)

资料来源:作者基于文献的总结。

(一) 财富导向的供应链责任

交易价值是指在通过供应链进行的交易中,可以为个体或一系列参与者提供的价值。交易的过程就是价值创造和流动的过程。例如,如果一个供应商销售符合买方规格的产品,那么该产品对相关参与者和整个供应链的价值都更高。这强调追求自身利益的个人有助于实现社会和环境目标。扎亚克和奥尔森认为,交易价值的概念将交换或顾客价值与经济、社会和环境方面的成本联系在一起。[1]交易价值强调合作伙伴的优势、资源、能力,并通过组织联系将其作为供应链内部关系进行协调。[2]这一概念假设每个个体、团体、组织和网络都可以使用他们的能力和资源从供应链的交易中获得利益。研究人员认为,交易价值是企业决策中的一个重要考量要素,它促使企业利用自身独特的资源和优势

---

[1]　Edward J.Zajac and Cyrus P.Olsen, "From Transaction Cost to Transactional Value Analysis: Implications for the Study of Interorganizational Strategies", *Journal of Management Studies*, Vol.30, no.1(1993), pp.131—145.

[2]　Jason Donovan and Nigel Poole, "Asset Building in Response to Value Chain Development: Lessons from Taro Producers in Nicaragua", *International Journal of Agricultural Sustainability*, Vol. 11, no.1(2013), pp.23—37.

来确保交易的成功。

交易价值理论可以支持农业供应链责任的市场机制研究。有三种方法可以用来考虑与供应链责任操作相关的事务。

第一种方法,可以从物资流动和货物交易效率的角度来看待供应链责任。①这种运营效率视角将创造价值时的供应链视为一个整体,依赖供应链参与者与社区成员之间的协作。②这表明,业务成果是通过供应链行为者之间的协调产生的。③

第二种可以考虑的与供应链责任相关的交易价值方法,将责任从对产品的交换和流动的关照转移到对农业供应链的社会期望上。供应链责任被视为一种投资,以提高参与者声誉,维护产品质量,避免不良客户体验和不实的宣传。④供应链通过改善与供应链相关的产品和流程,关注供应链中有形和无形的客户期望,实现社区利益。⑤这些关系资源被视为供应链的"附加值"。

第三种考虑方法,关注的是供应链制定质量、安全和社会责任方面相关的制度标准,即供应链中的"行为准则",如有机认证,被视为解决阻碍交易价值提升的内部和外部约束。⑥

---

① Craig R.Carter and Dale S.Rogers, "A Framework of Sustainable Supply Chain Management: Moving toward New Theory", *International Journal of Physcial Distribution and Logistic Management*, Vol.38, no.5(2008), pp.360—387.

② Peter Lund-Thomsen and Adam Lindgreen, "Corporate Social Responsibility in Global Value Chains: Where Are We Now and Where Are We Going?" *Journal of Business Ethics*, Vol.123, no.1 (2014), pp.11—22.

③ Cristina Gimenez and Elcio M.Tachizawa, "Extending Sustainability to Suppliers: A Systematic Literature Review", *Supply Chain Management: International Journal*, Vol.17, no.5 (2012), pp.531—543.

④ Michael E.Porter and Mark R.Kramer, "Creating Shared Value", *Harvard Business Review*, Vol.89, no.1(2011), pp.62—77.

⑤ Adam Lindgreen and Finn Wynstra, "Value in Business Markets: What Do We Know? Where We Going?" *Industrial Marketing Management*, Vol.34, no.7(2005), pp.732—748; Adam Lindgreen, Martin K.Hingley, David B.Grant and Robert E.Morgan, "Value in Business and Industrial Marketing: Past, Present, and Future", *Industrial Marketing Management*, Vol.41, no.1 (2012), pp.207—214; Michael E.Porter and Mark R.Kramer, "The Link between Competitive Advantage and Corporate Social Responsibility", *Harvard Business Review*, Vol.84, no.12(2006), pp.78—92.

⑥ Vaughan Higgins, Jacqui Dibden and Chris Cocklin, "Building Alternative Agri-food Networks: Certification, Embeddedness and Agri-environmental Governance", *Journal of Rural Studies*, Vol.24, no.1(2008), pp.15—27.

交易价值的理念,推动了财富导向的供应链责任研究。这意味着供应链改善的社会效益包括附加的经济价值和收入,以及其他被重视的资产,如高运营效率、高声誉、低社会惩罚。①财富导向的供应链责任关注的是交易价值和商业效率,而不是更广泛、更不明显的利益,如利益相关者或社区能力的提高和赋权。它采纳了供应链责任的工具性和管理性观点。在当前的研究中,农业供应链责任被概念化为农业供应链在变化的环境中应对挑战的责任或响应。②农业供应链责任以响应内部业务结构、活动、政策和业务模式的变化作为承诺或义务,强化了农业综合企业的合法性。③

财富导向的供应链责任将农村社区视为交易价值增加所带来的经济利益的被动接受者。供应链对社区的改善,包括经济交易带来收入的提高、公众形象和声誉的改善、技能和能力的提升,代表着"社区的发展"。这意味着利益从供应链流向社区,而这些社区在很大程度上被视为外部经济实体。供应链参与者可以将供应链责任作为差异化战略或将社会问题转化为盈利机会。对社会承担责任的行为是由确保合法性或竞争优势的商业利益所驱动的。因此,财富导向的供应链责任通过供应链参与者的逐利动机,促进了参与者之间的利益共享和广泛的社会和环境收益。社区只能从农业供应链中间接地获得利益。

对财富导向的供应链责任的批评强调,它把焦点狭隘地放在了农业供应链对于促进积极的社区变革中的作用上,但是,对于促进社区发展方面的效用却存在以下不足。

首先,财富导向的供应链责任战略并没有解决供应链交易中的结构性权力,而是关注市场效率、竞争、客户忠诚度和满意度、信息透明度和组织声

---

① David Vogel, *The Market for Virtue: the Potential and Limits of Corporate Social Responsibility*, Washington: Brookings Institution Press, 2005.

② Barrientos Stephanie, Gary Gereffi and Arianna Rossi, "Economic and Social Upgrading in Global Production Networks: A New Paradigm for a Changing World", *International Labour Review*, Vol.150, no.3(2011), pp.319—340.

③ David L.Levy, Juliane Reinecke and Stephan Manning, "The Political Dynamics of Sustainable Coffee: Contested Value Regimes and the Transformation of Sustainability", *Journal of Management Studies*, Vol.53, no.3(2016), pp.364—401.

誉。①这种供应链责任与面向农业综合企业需求的食品系统活动有关,很少或没有涉及具体社区。②

其次,财富导向的供应链责任没有考虑不利的商业环境对经济增长和利润产生的制约。③在实践中,财富导向的供应链责任更容易被大规模的商业行为主体所广泛采用,而大量中小企业参与供应链的环境和社会责任活动,则受到了资源和制度的约束。农业供应链的参与者不仅仅要思考如何把产品卖给消费者,以获得经济利润,更应该关注农村社区的社会挑战,要在化解农村社区的社会挑战中创造商业价值。

再次,财富导向的供应链责任对供应链政策、方法和模型的强调,降低了潜在的社区发展成效。虽然参与供应链的行动者可能承担了一定的社会责任,但他们往往关注私人组织从这些活动中获得的利益,这限制了从与农民和其他社区利益相关者的接触中探索其他可能性和机会的进程。

最后,也是最重要的一点,财富导向的供应链责任过分简化了供应链绩效与社区发展之间潜在联系的复杂性,尤其是在弱势农村地区。④它也不支持自我抉择性的社区发展。财富导向的农业综合企业发展可能会延迟甚至阻碍社区发展项目⑤,进而忽略社区-供应链协同发展所带来的潜在利益和可能的广泛社会利益⑥。

---

① Lee Pegler, "Peasant Inclusion in Global Value Chains: Economic Upgrading but Social Downgrading in Labour Processes?" *Journal of Peasant Studies*, Vol.42, no.5(2015), pp.929—956; Mark Vicol, Jeffrey Neilson, Diany F.S.Hartatri and Peter Cooper, "Upgrading for Whom? Relationship Coffee, Value Chain Interventions and Rural Development in Indonesia", *World Development*, Vol.110(2018), pp.26—37.

② Brian Ilbery and Damian Maye, "Food Supply Chains and Sustainability: Evidence from Specialist Food Producers in the Scottish/english Borders", *Land Use Policy*, Vol.22, no.4(2005), pp.331—344.

③ Aneel Karnani, "The Mirage of Marketing to the Bottom of the Pyramid: How the Private Sector Can Help Alleviate Poverty", *Califonia Management Review*, Vol.49, no.4(2007), pp.90—111.

④ 黄宗智:《小农户与大商业资本的不平等交易:中国现代农业的特色》,载《开放时代》2012年第3期。

⑤ Steffanie Scott, Si Zhenzhong, Theresa Schumilas and Chen Aijuan, "Contradictions in State- and Civil Society Driven Developments in China's Ecological Agriculture Sector", *Food Policy*, Vol.45 (2014), pp.158—166.

⑥ Clare C.Hinrichs, "Transitions to Sustainability: A Change in Thinking about Food Systems Change?" *Agriculture and Human Values*, Vol.31, no.1(2014), pp.143—155; Mindi Schneider, "What, Then, Is a Chinese Peasant? Nongmin Discourses and Agroindustrialization in Contemporary China", *Agriculture and Human Values*, Vol.32, no.2(2015), pp.331—346.

（二）社区导向的供应链责任

革新价值关注构建一个支持社区能力、公平和社会正义的社会结构。它包括财富的公平分配、人权、社会学习和繁荣等支持社会发展的基本行为。革新价值的观点推动了农业供应链与社区关系的转变。

首先，革新价值需要关注供应链参与者的结构、文化和业务流程的变化。在参与者结构方面，早期关于革新价值与供应链责任的研究考虑了供应链中的权力转型和制度安排，包括不平等关系的重构。[①]这挑战了被制度化的供应链权力关系，尤其是对于发展中国家而言[②]。如果供应链结构支持企业集中和企业权力，而非效率，就将加剧贫困和不平等。经济活动的内在政治因素，推动了各种促进公平的社会运动[③]，以及商业在社区发展中的政治角色。戴维·列维及其同事的研究表明，农业供应链中的特权和权力只会消极地作出反应或变化。[④]革新价值致力于改变现有的体系，从而在供应链参与者之间实现利益的公平分配[⑤]，并努力促进社区发展功能。

其次，革新价值致力于改变商业文化。商业文化塑造了供应链中的社会结构和社企互动。基于互惠和相互依赖的商业文化，可以在企业和社区之间创造促进共享价值的伙伴关系[⑥]，从而使得弱势群体获得更多的收入、组织能力和参与机会，潜在地减少弱势群体的脆弱性，实现社区和供应链参与者的共

---

① Iris M.Young，"Responsibility and Global Justice：A Social Connection Model"，*Social Philosophy Policy*，Vol.23，no.1(2006)，pp.102—130.

② Andreas G.Scherer and Guido Palazzo，"The New Political Role of Business in a Globalized World：A Review of a New Perspective on CSR and Its Implications for the Firm，Governance，and Democracy"，*Journal of Management Studies*，Vol.48，no.4(2011)，pp.899—931.

③ Ben Selwyn，"Social Upgrading and Labour in Global Production Networks：A Critique and an Alternative Conception"，*Competition & Change*，Vol.17，no.1(2013)，pp.75—90.

④ David L.Levy，"Political Contestation in Global Production Networks"，*Acadamy of Management Review*，Vol.33，no.4(2008)，pp.943—963；David L.Levy，Juliane Reinecke and Stephan Manning，"The Political Dynamics of Sustainable Coffee：Contested Value Regimes and the Transformation of Sustainability"，*Journal of Management Studies*，Vol.53，no.3(2016)，pp.364—401.

⑤ Bart Van Rijsbergen，Willem Elbers，Ruerd Ruben and Ndirangu Njuguna，"The Ambivalent Impact of Coffee Certification on Farmers' Welfare：A Matched Panel Approach for Cooperatives in Central Kenya"，*World Development*，Vol.77(2016)，pp.277—292.

⑥ Anany M.Reed and Darryl Reed，"Partnerships for Development：Four Models of Business Involvement"，*Journal of Business Ethics*，Vol.90，no.1(2008)，pp.3—37.

同发展①。

最后,革新价值将供应链责任重新定义为一种商业过程,它将供应链行为者作为真正与社区和穷人进行接触的道德代理人。②这种观点强调供应链成员和农村之间的各种商业关系和交流。在农业供应链中建立的关系有助于形成个人、组织和国家层面的联系,进而积累社会资本。③这种社会资本和与之相关的供应链过程可能会让农村社区得到进一步发展,创造个人和社区利益。供应链与农村贫困人口的有效联系,也可以增强供应链责任目标与社区发展成果之间的整合。因此,农业供应链中行为者之间的联系,能够促进跨供应链的相互作用和供应链行为者对社会的贡献。

革新价值致力于推动社会正义和公平。④它侧重创造有利的环境,使得农业供应链得以构建一个包容性的社区⑤;并解决农业供应链中社区行为者的冲突和压迫问题。在这种以社区为导向的思维中,传统的有效性和对效率的考量被社会正义和利益公平分配的考量所取代。⑥社区利益来自对公平的考虑、供应链

---

① Katarzyna Cieslik, "Moral Economy Meets Social Enterprise Community-based Green Energy Project in Rural Burundi", *World Development*, Vol.83(2016), pp.12—26.

② Patric Maclagan, "Corporate Social Responsibility as a Participative Process", *Business Ethics: A Europen Review*, Vol.8, no.1(1999).

③ Shahzad Ansari, Kamal Munir and Tricia Gregg, "Impact at the 'Bottom of the Pyramid': the Role of Social Capital in Capability Development and Community Empowerment", *Journal of Management Studies*, Vol.49, no.4(2012), pp.813—842.

④ Terry Marsden, "From Post-productionism to Reflexive Governance: Contested Transitions in Securing More Sustainable Food Futures", *Journal of Rural Studies*, Vol.29(2013), pp.123—134; Kao Tzu-Yi, Jason C.H.Chen, Ji-Tsung Ben Wu and Yang Ming-Hsien, "Poverty Reduction through Empowerment for Sustainable Development: A Proactive Strategy of Corporate Social Responsibility", *Corporate Social Responsibility and Environmental Management*, Vol.23, no.3(2014.), pp.140—149.

⑤ Bill Pritchard, Neil Argent, Scott Baum, Lisa Bourke, John Martin, Phil Mcmanus, Anthony Sorensen and Jim Walmsley, "Local—if Possible: How the Spatial Networking of Economic Relations amongst Farm Enterprises Aids Small Town Survival in Rural Australia", *Regional Studies*, Vol.46, no.4(2012), pp.539—557; Lawrence Bonney, Angela Castles, Robyn Eversole, Morgan Miles and Megan Woods, *Accounting for Agriculture in Place-based Frameworks for Regional Development*, RIRDC, ACT, AU, 2015.

⑥ Angela Tregear, "Progressing Knowledge in Alternative and Local Food Networks: Critical Reflections and a Research Agenda", *Journal of Rural Studies*, Vol.27, no.4(2011), pp.419—430; Patrick Mundler and Sophie Laughrea, "The Contributions of Short Food Supply Chains to Territorial Development: A Study of Three Quebec Territories", *Journal of Rural Studies*, Vol.45(2016), pp.218—229.

中弱势群体的发展机会以及提高能力和赋权。

革新价值将农村社区的社会发展与农业供应链的财富创造联系起来。这巩固了社区导向的供应链责任的概念。社区导向的供应链责任是一套价值观和商业实践,支持供应链参与者与农村社区之间的互动。表 3.3 对比了面向社区的供应链责任的两种形式——回应型和主动型。这两种形式都鼓励供应链层面的运作和活动,以重塑农村社区的社会结构和文化。

表 3.3　回应型和主动型社区导向供应链责任的比较

	回应型社区导向供应链责任	主动型社区导向供应链责任
理论发展	遵从社区的期待和目标 提升能力优绩效 尊重社区的制度	基于社区关系和社会资本的发展 社区整体性的建设 跨部门的共同影响和发展
整合方式	供应链的资源 供应链责任 需求 社区的资产	需求 社区的资产 供应链的资源 供应链责任
假　设	社区是改变的受益者	社区是改变的支柱
过　程	回应社区的期待	构建一个联合性的发展平台

(三) 供应链责任与社区发展的整合

1. 回应型社区导向供应链责任

回应型社区导向供应链责任将社区利益纳入农业食品供应链的目标体系。[1]它包括理解社区的期望,以及促进生产能力和市场机会等社区利益的发展。供应链参与者对社区需求的响应可能有助于调和商业和社区利益之间潜

---

[1]　Jeffrey Neilson and Bill Pritchard, *Value Chain Struggles*: *Institutions and Governance in the Plantation Districts of South India*, Oxford: Blackwell, 2009.

在的矛盾关系,比如针对社区的投资项目有可能惠及有权势的精英。①

回应型社区导向供应链责任还将特定的社区规范和制度纳入商业安排②和供应链制度安排中③。它涉及持续的供应链层面的调整,以融合商业和社区利益。这意味着,供应链发展的合法性与公共利益的形成息息相关。哈贝马斯提出的"伦理议题",有助于将社区发展纳入供应链责任。④因此,有必要将共同体的逻辑、文化和优先权转移到供应链责任的语境中,以支持共同体利益在供应链发展中的合法性。

尽管社区导向的供应链责任倡议构建了变革农村社区的社会话语,但发展的手段和目标并不总是如预期的那样。⑤规范性和结构性的社会实践、制度和规则,不足以应对不断出现的复杂情况。⑥这表明需要采取更积极主动的办法,推动农业供应链促进社区的有效发展。

2. 主动型社区导向供应链责任

社区导向的主动供应链责任利用社区发展的理论和经验见解,在供应链的背景下考察社区发展动态。可以说,积极主动的社区导向供应链责任是一个社区发展的过程,而不是一个管理议题。社区导向的主动供应链责任在跨部门集

---

① Sorah Banks and Felicity Shenton, "Regenerating Neighbourhoods: A Critical Look at the Role of Community Capacity Building", *Local Economics*, Vol.16, no.4(2001), pp.286—298; Mark Vicol, Jeffrey Neilson, Diany F.S.Hartatri and Peter Cooper, "Upgrading for Whom? Relationship Coffee, Value Chain Interventions and Rural Development in Indonesia", *World Development*, Vol.110 (2018), pp.26—37.

② Christopher Marquis, Michael Lounsbury and Royston Greenwood, "Introduction: Community as an Institutional Order and a Type of Organizing", in Christopher Marquis, Michael Lounsbury and Royston Greenwood(eds.), *Communities and Organizations*, Bingley: Emerald Group Publishing Limited, 2011, pp.ix—xxvii.

③ Jeffrey Neilson and Bill Pritchard, *Value Chain Struggles: Institutions and Governance in the Plantation Districts of South India*, Oxford: Blackwell, 2009.

④ Jürgen Habermas, *The Theory of Communicative Action*, Vol.2, Boston: Beacon Press, 1984.

⑤ David L.Levy, "Political Contestation in Global Production Networks", *Academy of Management Review*, Vol.33, no.4(2008), pp.943—963; David L.Levy, Juliane Reinecke and Stephan Manning, "The Political Dynamics of Sustainable Coffee: Contested Value Regimes and the Transformation of Sustainability", *Journal of Management Studies*, Vol.53, no.3(2016), pp.364—401.

⑥ Stephanie Barrientos, Gary Gereffi and Arianna Rossi, "Economic and Social Upgrading in Global Production Networks: A New Paradigm for a Changing World", *International Labour Review*, Vol.150, no.3(2011), pp.319—340.

体影响下,实现农村社区的社会转型。它主要借助三种资源:社区资本资产、社区的整体性组织①和跨部门的集体影响。

首先,主动型的社区导向供应链责任侧重于识别、保存和投资于社区的人力、社会、智力和物质资本。②它着眼于推动社区领导、组织、技能和能力,而不是个人利益。企业和社区之间的协作、创新和学习将社区资产与供应链活动联系起来。

其次,积极主动的社区导向供应链责任强调以整个社区的组织和多样化的互补措施来解决社区问题。这反映了用包容性发展的逻辑来创造社区福祉和能力。该逻辑支持对各种矛盾进行管理,例如促进社区发展的工业和替代性农业食品供应链之间的协作。社区组织和包容性发展支持个人、组织和机构层面的集体行动。这些关系和相互作用支持供应链和农村社区之间的联系。这依赖国家、企业和社区之间基于信任、开放、信息共享和创新的建设性对话。③

再次,主动型社区导向供应链责任涉及跨部门的集体影响,例如农业供应链与农村地区农业旅游的系统发展。这些影响包括资源、过程和供应链活动方面的长期影响,特别是通过供应链和社区行动者的行动模式造成的影响。它为研究供应链和社区互动的实践发展提供了一个系统的框架。④它有助于建立一个广泛、多样、包容的成员支持网络。⑤这些网络反过来又能强化供应链和社区

---

① Stephen Aigner, Victor Raymond and Lois Smidt, "Whole Community Organizing for the 21st Century", *Community Development*, Vol.33, no.1(2002), pp.86—106; Kristen Lowitt, Gordon M. Hickey, Wayne Ganpat and Leroy Phillip, "Linking Communities of Practice with Value Chain Development in Smallholder Farming Systems", *World Development*, Vol.74(2015), pp.363—373.

② Gary P.Green and Anna Haines, *Asset Building & Community Development*, Thousand Oaks: Sage Publication, 2011.

③ Stephan M.Wagner and Christoph Bode, "An Empirical Investigation into Supply Chain Vulnerability", *Journal of Purchasing and Supply Management*, Vol.12, no.6(2006), pp.301—312.

④ Aneel Karnani, "The Mirage of Marketing to the Bottom of the Pyramid: How the Private Sector Can Help Alleviate Poverty", *Califonia Management Reveview* Vol.49, no.4(2007), pp.90—111; Norman Walzer, Liz Weaver and Catherine McGuire, "Collective Impact Approaches and Community Development Issues", *Community Development*, Vol.47, no.2(2016), pp.156—166.

⑤ Angela Tregear and Sarah Cooper, "Embeddedness, Social Capital and Learning in Rural Areas: The Case of Producer Cooperatives", *Journal of Rural Studies*, Vol.44(2016), pp.101—110.

之间的联系,进一步构建融合了利益、共同意愿和集体意志的"共同体"。这也促成了一个社会学习的过程,在分离的行动者之间建立紧密的关系,支持行动的共同意志。

回应型和主动型社区导向供应链责任描述了供应链和农村社区之间不同形式的互动。回应型社区导向供应链责任假设农业企业是发展代理人,而农村社区是利益的接受者。它强调了农业供应链如何能最好地满足社区需求。相比之下,主动型社区导向供应链责任涉及革新,将社区视为一个互动的领域,而不是一个农业居民点。它认为社区的变化和利益获取需要依靠农业供应链的行动者与社区之间的关系网络,将思考重点从了解农村社区想要什么,转移到什么样的农村社区是有效的。这些发展动态强调了社区网络在行动中的重要性,以及社区结构在支持供应链责任中的重要性。

尽管回应型和主动型社区导向供应链责任在理论和实践上存在差异,但它们之间存在三个关键的联系。第一,回应型社区导向供应链责任包含供应链参与者和社区之间的联系,从而形成一个"新的"社区。主动型社区导向供应链责任描述了一个前瞻性的概念,即"正在形成"的供应链参与者和社区的网络。此外,这种供应链责任是从回应型社区导向供应链责任发展而来,它整合了各种观点、复杂的关系和制度。第二,回应型和主动型社区供应链责任都以社区为基础。社区是由具有不同资产和冲突的行动者组成的网络,农村社区既有优势和能力,也有脆弱性和缺陷。第三,回应型和主动型社区导向供应链责任都强调供应链参与者和农村社区之间的互动和关系。回应型社区导向供应链责任倾向于结构性联系,并寻求清晰的机制来连接企业和社会。主动型社区导向供应链责任则关注动态的、涌现的关系,并促进支持创新和变革的关系。开放的动态网络为新的实践创造了机会。因此,与供应链责任相关的供应链-社区关系研究,需要拓宽概念的视野,并让行动者理解和学习新的机会和实践。

五、理论意义

在农业供应链发展的背景下,农村社区发展越来越多地借鉴供应链责任的概念。供应链参与者和农村社区显然有着共同的利益。①一方面,农产品供应链在自然、人力和物质资源方面依赖于社区资产②,并且消费者越来越关注供应链在公平和社区发展方面的绩效。农村社区功能和农村福祉所面临的挑战备受关注。③另一方面,供应链与农业社区紧密相连,农业供应链中的行为者往往参与到社区发展的机遇和挑战中。供应链的参与者往往包括农民,供应链的绩效影响着农业社区的收入和福祉,特别是发展中国家的贫困小农④和发达经济体中衰落的农村社区⑤。在农业供应链的背景下,越来越多的研究关注农村社区发展。

　　本章探讨了这一不断成长的研究领域中的一个关键问题:如何积极落实供应链责任以促进农村社区发展? 本章通过对农业供应链和农村社区的研究形成了供应链责任的概念框架。这个研究框架具有三个方面的重要贡献。

　　首先,供应链责任的分类简化了多样且复杂的供应链责任议题。财富导向和社区导向的供应链责任描述了供应链-社区实践和相互作用,它们既影响供应链行为,也影响社区转型过程。这些不同形式的供应链责任为更好地理解和整合不同背景下的社区问题提供了一个全面、综合的方式。它避免了对供应链

---

① David Neven, *Developing Sustainable Food Value Chains*, FAO, 2014.

② Li Zhou and Zhang Haipeng, "Productivity Growth in China's Agriculture during 1985—2010", *Journal of Integrative. Agriculture*, Vol.12, no.10(2013), pp.1896—1904.

③ Sally Shortall, "Are Rural Development Programmes Socially Inclusive? Social Inclusion, Civic Engagement, Participation, and Social Capital: Exploring the Differences", *Journal of Rural Studies*, Vol.24, no.4(2008), pp.450—457; Long Hualou, Tu Shuangshuang, Ge Dazhuan, Li Tingting and Liu Yansui, "The Allocation and Management of Critical Resources in Rural China under Restructuring: Problems and Prospects", *Journal of Rural Studies*, Vol.47(2016), pp.392—412; Julia Suess-Reyes and Elena Fuetsch, "The Future of Family Farming: A Literature Review on Innovative, Sustainable and Succession-oriented Strategies", *Journal of Rural Studies*, Vol.47(2016), pp.117—140.

④ Dietmar Stoian, Jason Donovan, John Fisk and Michelle Muldoon, "Value Chain Development for Rural Poverty Reduction: A Reality Check and a Warning", *Enterprise Development and Microfinance*, Vol. 23, no.1(2012), pp.54—60.

⑤ Bill Pritchard, Neil Argent, Scott Baum, Lisa Bourke, John Martin, Phil Mcmanus, Anthony Sorensen and Jim Walmsley, "Local—if Possible: How the Spatial Networking of Economic Relations Amongst Farm Enterprises Aids Small Town Survival in Rural Australia", *Regional Studies*, Vol.46, no.4(2012), pp.539—557; Robyn Eversole, Lea Coates and David Wells, "Rural Development from the Ground up: Agrofood Initiatives in Tasmania", *Development Practice*, Vol.25, no.5(2015), pp.703—714.

责任的还原方法,并扩展了它的解释。①它深化了对农业供应链在农村发展中作用的思考,尤其是对不同需求和不同发展阶段的社区。

其次,供应链责任框架提供了理论锚定的方法,以审视农业供应链对社区发展的贡献。②回应型和主动型社区导向供应链责任概念的引入区分了特定农村社区发展背景下不同农业供应链责任的实践方法。社区导向型供应链责任概念基于农业供应链和农村社区之间动态关系的本质,以及供应链和社区改善的持续发展过程。这与作为一个持续互动和变化的社区发展过程有关③,而不是将社区视为一个功能和社会条件处于静态的"存在"。这种关于社区的全面关系视角是社区导向供应链责任的概念基础。社区意味着一种秩序或一种组织形式,它将不同的行动者聚集在一起,追求共同的利益。④对社区功能而言,汇集不同投入的包容性过程至关重要。⑤不同的观点和利益可能会引发冲突,但利益的整合是社区供应链责任的基础和关键部分。

第三,供应链责任框架提炼了供应链促进社会和环境变化的机制和方式。财富导向和社区导向供应链责任扩展了供应链责任的性质和影响,以及供应链参与者与农村之间相互作用潜力的认识。概念的深化为理解供应链和社区关系转型提供了有效帮助。而中国的社会主义市场经济实践,为深入理解供应链责任提供了丰富的背景。供应链责任将个体动机与社会公正结合起来,将社区发展与个体财富积累的并行不悖提供了理论上的可能。⑥中国农业食品体系实

① Angela Tregear, "Progressing Knowledge in Alternative and Local Food Networks: Critical Reflections and a Research Agenda", *Journal of Rural Studies*, Vol.27, no.4(2011), pp.419—430.

② Jason Donovan and Nigel Poole, "Asset Building in Response to Value Chain Development: Lessons from Taro Producers in Nicaragua", *International Journal of Agricultural Sustainability*, Vol. 11, no.1(2013), pp.23—37.

③ Kenneth C.Bessant, "The Interactional Community: Emergent Fields of Collective Agency", *Sociological Inquiry*, Vol.82, no.4(2012), pp.628—645.

④ Christopher Marquis, Michael Lounsbury and Royston Greenwood, "Introduction: Community as an Institutional Order and a Type of Organizing", in Christopher Marquis, Michael Lounsbury and Royston Greenwood(eds.), *Communities and Organizations*, Bingley: Emerald Group Publishing Limited, 2011.

⑤ Norman Walzer, Liz Weaver and Catherine McGuire, "Collective Impact Approaches and Community Development Issues", *Community Development*, Vol.47, no.2(2016), pp.156—166.

⑥ Yin Juelin and Zhang Yuli "Institutional Dynamics and Corporate Social Responsibility (CSR) in an Emerging Country Context: Evidence from China", *Journal of Business Ethics*, Vol.111, no.2(2012), pp.301—316.

践中,财富导向和社区导向供应链责任通过不断地相互整合、合作和学习,支持社区发展。①供应链责任包含多种不同模式,每一种模式均会对个人和共同体产生影响。在不同的背景下,供应链责任需要特定的阐释和实现方式。

除了以上讨论的三个重要贡献之外,财富导向和社区导向供应链责任提出了一种整体的供应链责任落实方法,而不是特定的供应链责任实践。②供应链行为者根据他们的价值观和利益来管理他们在农村社区的行为。随着对供应链行为者和社区之间的相互依赖和共同利益的认识越来越丰富,共享利益而不是个人的利润动机得到了越来越多的考虑。更多地认识到社区发展对全链能力的重要性,有助于将革新价值置于交易价值之上③,并有助于从财富导向的供应链责任向社区导向的供应链责任转变。一个健全的社区有助于创造更多的机会来实现由个人和共享的利益转向拓宽促进社区发展的社区导向的供应链责任,这是供应链参与者的理智选择。虽然社区导向的供应链责任的变化可能是供应链内部决策的结果,但社区及其网络内的社会需求以及制度干预都是塑造供应链演进过程的重要因素。

必须将财富导向和社区导向的供应链责任视为有助于个人与社区发展的互补模式。④这种观点将供应链中的个人经济利益与社会承诺结合在一起,而供应链层面的利益也与社区中的公共利益联系在一起。集体行动也可能支持个

① Ye Jingzhong, Wang Yinhuan and Norman Long, "Farmer Initiatives and Livelihood Diversification: from the Collective to a Market Economy in Rural China", *Journal of Agrarian Change*, Vol. 9, no.2(2009), pp.175—203; Long Hualou and Michael Woods, "Rural Restructuring under Globalization in Eastern Coastal China: What Can Be Learned from Wales", *Journal of Rural Community Development*, Vol.6, no.1(2011), pp.70—94.

② Dietmar Stoian, Jason Donovan, John Fisk and Michelle Muldoon, "Value Chain Development for Rural Poverty Reduction: A Reality Check and a Warning", *Enterprise Development and Microfinance*, Vol.23, no.1(2012), pp.54—60; Lee Pegler, "Peasant Inclusion in Global Value Chains: Economic Upgrading but Social Downgrading in Labour Processes?" *Journal of Peasant Studies*, Vol.42, no.5(2015), pp.929—956; Mark Vicol, Jeffrey Neilson, Diany F.S.Hartatri and Peter Cooper, "Upgrading for Whom? Relationship Coffee, Value Chain Interventions and Rural Development in Indonesia", *World Development*, Vol.110(2018), pp.26—37.

③ Li Liu, "Community Sustainability through Supply Chain Responsibility in Reform Era China", PhD Thesis, The University of Queensland, 2018. https://doi.org/10.14264/uql.2018.224.

④ Byron Miller, "Collective Action and Rational Choice: Place, Community, and the Limits to Individual Self-interest", *Economic Geography*, Vol.68, no.1(1992), pp.22—42.

人的价值创造,因为通常需要集体行动来解决限制供应链能力的重大问题,如环境挑战。①社区导向供应链责任,有潜力发挥更大的社会功能,创造更多的经济财富。

六、小　结

本章展示了供应链责任的理论构建如何扩展农业供应链与农村社区的内在关系、互动过程和结果。财富导向和社区导向的供应链责任概念,提供了供应链责任的隐含假设和外部构造。这些概念的提出是基于这样一个事实:供应链责任的落实不是一个中立的技术过程,而是结合了权力、价值和公平,以及需要通过认知和行动来协调的过程。没有通用的供应链责任,只有被构造的供应链责任,它会随着特定的背景、目的和兴趣而有所改变。交易价值和变革价值的概念重构了农业供应链和农村社区行为者之间互动的性质。通过这些行动者之间的相互作用,对供应链责任的考虑支持了社区发展过程中关系的重要性,以及对供应链行动者之间关系资产、知识资产、传统和身份的认识。

本章通过对供应链责任类型的分类,以及对处于分散状态的农业供应链和社区发展方面文献的整合,丰富了整合供应链绩效和社区功能的认识。供应链责任概念化的目的是推进供应链责任研究在农村社区社会和经济变化方面的进展,并促进概念的进一步发展。我们认为,需要进一步的理论和实证研究来重构供应链责任的概念。也就是说,虽然进行了概念化,但在实践中需要对概念进行更多的检验,使其从农业食品系统中的概念变成具有价值的实际商业模式。②

---

① Arun Agrawal and Clark C.Gibson, "Enchantment and Disenchantment: The Role of Community in Natural Resource Conservation", *World Development*, Vol.27, no.4(1999), pp.629—649; Hemant R.Ojha, Rebecca Ford, Rodney J.Keenan, Digby Race, Dora C.Vega, Himlal Baral and Prativa Sapkota, "Delocalizing Communities: Changing Forms of Community Engagement in Natural Resources Governance", *World Development*, Vol.87(2016), pp.274—290.

② Joakim Tell, Maya Hoveskog, Pia Ulvenblad, Per-Ola Ulvenblad, Henrik Barth and Jenny Ståhl, "Business Model Innovation in the Agri-food Sector: A Literature Review", *British Food Journal*, Vol.118, no.6(2016), pp.1462—1476.

第四章　农业供应链治理与粮食安全

——来自湖北的案例

一、引　言

供应链作为一个整体,其价值创造和成功运营依赖关联社区的企业家、自然资源和基础设施等要素,而农村社区繁荣发展的构建和维持也需要供应链提供的经济和产业发展机会。①供应链和社区之间的内在联合和相互影响提供了优化和整合供应链治理的重要机会。②供应链不仅要关注自身发展,也应该密切关注与之相关的社区的健康发展。供应链帮助相关联的社区创造价值的过程,有助于提升供应链自身的发展能力,是深化供应链治理的重要理由。③供应链治理需要以一种动态和综合的方式,形成供应链和社区之间长期互动关

---

① Jeremy Hall and Stelvia Matos, "Incorporating Impoverished Communities in Sustainable Supply Chains", *International Journal of Physical Distribution and Logistic Management*, Vol.40(2010), pp.124—147.

② Robert D.Klassen and Ann Vereecke, "Social Issues in Supply Chains: Capabilities Link Responsibility, Risk(Opportunity), and Performance", *International Journal of Production Economics*, Vol.140(2012), pp.103—115; Audreas Wieland, Robert B.Handfield and Christian F.Durach, "Mapping the Landscape of Future Research Themes in Supply Chain Management", *Journal of Business Logistics*, Vol.37(2016), pp.205—212; Sadaat Ali Yawar and Stefan Seuring, "Management of Social Issues in Supply Chains: A Literature Review Exploring Social Issues, Actions and Performance Outcomes", *Journal of Business Ethics*, Vol.141(2017), pp.621—643.

③ Frank L. Montabon, Mark Pagell and Wu Zhaohui, "Making Sustainability Sustainable", *Journal of Supply Chain Management*, Vol.52(2016), pp.11—27; Laura Spence and Michael Bourlakis, "The Evolution from Corporate Social Responsibility to Supply Chain Responsibility: The Case of Waitrose", *Supply Chain Management: An International Journal*, Vol.14(2009), pp.291—302.

系的新定位。

在当前的农业研究中,供应链责任理论研究者探索供应链与社会福利(如农村社区发展)之间的关系和相互作用。①波特与克雷默认为,农业企业和农业食品供应链助力弱势生产者和农村社区的发展,有助于维护企业和供应链的声誉,创造新的机会,并建立可行的商业环境。②这些相互联系进一步加深了对供应链治理的认识:农业食品供应链不仅要提高农产品价值③,也要积极履行责任,推动社区可持续发展④。

尽管供应链责任在理念上很有吸引力,但与供应链责任相关的实践和在社区中的实际运作方式⑤,以及什么类型的供应链责任与社区发展相联系,仍然鲜为人知。现有的供应链责任理论聚焦于单一的农业或食品供应链,将农村社区视为供应链责任实践的对象,但没有关注农业或食品供应链的发展目的。这一分析框架具有片面性,导致对复杂的农业或食品供应链与农村社区之间相互作用的理解产生了偏差。

首先,过度简化了供应链分析(与产品相关的网络和活动),难以合理充分地概念化供应链的社会结构和边界。⑥多诺万与普尔指出,一些研究缺乏对农业供应链社会结构的更深层次认识,难以使用供应链操作和过程的差异来解释社

---

① Dietmar Stoian, Jason Donovan, John Fisk and Michelle F.Muldoon, "Value Chain Development for Rural Poverty Reduction: A Reality Check and a Warning", *Enterprise Development and Microfinance*, Vol.23(2012), pp.54—60.

② Michael E.Porter and Mark R.Kramer, "Creating Shared Value", *Harvard Business Review*, Vol.89(2011), pp.62—77.

③ Andrew Fearne, Marian G.Martinez and Benjamin Dent, "Dimensions of Sustainable Value Chains: Implications for Value Chain Analysis", *Supply Chain Management: An International Journal*, Vol.17(2012), pp.575—581.

④ Mark Vicol, Niels Fold, Bill Pritchard and Jeffrey Neilson, "Global Production Networks, Regional Development Trajectories and Smallholder Livelihoods in the Global South", *Journal of Economic Geography*, Vol.19(2018), pp.973—993; Niels Fold, "Value Chain Dynamics, Settlement Trajectories and Regional Development", *Regional Studies*, Vol.48(2014), pp.778—790.

⑤ Craig R.Carter, Tobias Kosmol and Lutz Kaufmann, "Toward a Supply Chain Practice View", *Journal of Supply Chain Management*, Vol.53(2017), pp.114—122.

⑥ Craig R.Carter, Dale S.Rogers and Thomas Y.Choi, "Toward the Theory of the Supply Chain", *Journal of Supply Chain Management*, Vol.51(2015), pp.89—97.

区发展结果。①研究人员可能错误地将积极的社区变化归因于农业食品供应链的干预,而将消极的变化归因于外部环境。

其次,关于农业供应链的发展及其对农村社区的影响,文献强调了商业政策、模式和活动对农村变化动态的影响这一单向视角。②各种分析框架忽视了社区能力的作用和潜力,即使这些研究承认社区能力是农业供应链变化的部分驱动因素。③社区能力分析的缺失,导致了供应链和社区之间分析框架的不平衡,遗漏了社区发展对农业供应链发展的影响认识。

最后,现有的研究依赖于供应链社区互动的静态视角。它忽略了行动者的显性和隐性相互联系的网络,以及在与社区互动过程中影响社区发展的各种供应链。④它也没有考虑农村社区的社会结构和制度如何随着农业供应链的变化而不断演变,以及社区如何行使其影响力,塑造供应链发展的形式和方向。一般而言,研究人员将农业供应链影响社区发展的多种方式视为社区之外的事物,而不是社区的隐性部分。因此,现有的研究尚未具备充分解释供应链责任概念的潜力,需要一个更综合的农业供应链责任-社区发展互动的视角来将供应链责任概念化。

本章寻求对当前农业供应链和社区发展之间互动模式和影响的全面性、整体性理解。供应链与社区之间的相互作用不会在各个方面都取得预期的结果,可能会受到各种因素的抑制或鼓励。对二者相互作用的更深层次理解,有助于洞察它们的发展意图和实际成就之间的一致或不一致。具体而言,本章通过三个研究问题探讨农业供应链与中国农村社区之间的相互作用:(1)供应链目前

---

① Jason Donovan and Nigel Poole, "Asset Building in Response to Value Chain Development: Lessons from Taro Producers in Nicaragua", *International Journal of Agricultural Sustainability*, Vol.11 (2013), pp.23—37.

② Simon Bolwig, Stefano Ponte, Andries Du Toit, Lone Riisgaard and Niels Halberg, "Integrating Poverty and Environmental Concerns into Value-Chain Analysis: A Conceptual Framework", *Development. Policy Review*, Vol.28(2010), pp.173—194.

③ Jeffrey Neilson and Bill Pritchard, *Value Chain Struggles: Institutions and Governance in the Plantation Districts of South India*, Oxford: Blackwell, 2009.

④ Kiah Smith, Geoffrey Lawrence, Amy MacMahon, Jane Muller and Michelle Brady, "The Resilience of Long and Short Food Chains: A Case Study of Flooding in Queensland, Australia", *Agriculture and Human Values*, Vol.33, no.1(2016), pp.45—60.

对社区可持续性的贡献是什么？（2）哪些社区可持续发展水平与供应链的贡献有关？（3）供应链如何推动社区可持续发展，特别是供应链的哪些方面或哪些要素对社区可持续发展有贡献？关于供应链责任-社区互动的全球评价有助于构建社区可持续发展的供应链责任路径，为提升农业供应链的治理能力提供重要的启示。

本章探索水稻供应链和相关联的社区互动过程。水稻作为我国的重要战略物资，各级政府都在积极提升保障水稻粮食安全的治理能力。虽然我国从产业政策和法律制度等宏观层面提出了保障水稻生产的土地红线、灌溉设施、最低收购价格、企业扶持等一系列措施，但水稻生产安全保障措施主要集中于如何从个体层面扩大生产规模和提高生产效率。这些措施采用了将农民和农业企业看作理性个体的传统经济学视角，忽视了农业和农业企业的生产活动是内嵌于农村社区和社会关系之中的，大米供应链与相关联农村社区之间存在复杂的互动关系这一事实。本章以素有"鱼米之乡"美誉的长江中下游重要城市——武汉，作为实证调研的地点，以武汉市种植、加工、销售水稻的两个典型村庄和相关联的不同类型大米供应链作为案例进行分析。从大米供应链与相关联的农村社区（资源）互动的角度，阐释了如何通过加强中观层面的社区发展，来推动大米供应链治理，保障粮食安全。本章不仅试图对中国的大米供应链治理提供借鉴意义，也为国际社会提升供应链责任提供参考价值。供应链所关联的农村社区已经成为供应链责任的内在构成部分，关联社区的发展为提高农业供应链治理水平提供了重要的机遇。农业供应链治理可以从提升农村社区的凝聚力和协同合作入手，提高社区发展的社会和经济能力。一个健康、和谐和繁荣的农村社区，将为农业供应链的环境与社会治理和粮食安全保障奠定坚实的基础。

本章分为六个部分。在引言之后，第二部分介绍案例研究的背景，即中国稻米产业中的治理方式。第三部分阐述该研究案例的研究设计和研究方法。第四部分剖析村庄的社区资本、供应链可持续能力以及农村社区与不同类型大米供应链的互动。第五部分从社区和供应链的角度讨论这些研究结果，并提出未来研究的方向。第六部分总结了研究发现与结论。

二、研究背景：中国的主粮安全与供应链治理

供应链与农村社区的互动总是在特定的语境中发生。本章所选取的大米供应链与农村社区的互动，有其独特的社会和政治背景。在中国，65%以上的人口以大米为主食，大米供应链对中国的粮食安全起到了决定性的作用，也直接关系到全球食物供应链的可持续性。鉴于大米作为一种战略物资的重要意义，中央政府发挥了强有力的领导作用，确保水稻种植村庄和水稻供应链的能力发展。①中央政府每年通过一系列的涉农项目，化解大米行业面临的农业环境恶化、食品质量安全、农业设施不足（导致旱灾和洪涝）、利润率低（由技术水平和市场认证水平低导致）等问题。

水稻行业采用了类似合同农业的机制，以确保小农户在水稻种植中的生计和可持续发展能力，并协调水稻供应链的运作。中国储备粮食管理集团有限公司（以下简称"中储粮"）是一家国有企业，为大米设定了最低收购价格，并为小农户提供了进入水稻销售市场的渠道。中储粮的战略经济和社会功能是通过两种途径实现的。一方面，它通过31家分支机构保障粮食的最低收购价格。通过自上而下的治理结构，它可以减少来自全球大米市场的影响。另一方面，中储粮还通过价格机制调整大米市场上的供需，减少市场波动导致的大米在质量和数量上的波动，从而稳定市场供应和价格。根据中国的政策，当大米的市场价格较低时，中储粮应该高于市场价格购买农民手中的水稻，使农民受益。当水稻的市场价格较高时，中储粮应低于市场价格出售水稻，使消费者受益。此外，中储粮还通过水稻轮换的方式，完善水稻的储藏过程，保障国家水稻仓储制度的健康运行。由于大米容易腐烂，中储粮的稻谷储存每两年轮换一次，持续的轮换储存降低了因虫害或受潮导致的储存损失。

---

① Thomas Reardon, Kevin I. Chen, Bart Minten and Lourdes Adriano, *The Quiet Revolution in Staple Food Value Chains: Enter the Dragon, the Elephant, and the Tiger*, Mandaluyong City, Philippines: Asian Development Bank, 2012.

三、研究方法

本章采用案例研究法①研究供应链和社区网络之间实现可持续发展的动态过程,主要选取湖北省省会武汉作为案例调查地点。武汉位于中国中部,属亚热带季风性湿润气候。位于市中心的 7 个行政区为发展商贸、制造业、信息技术等产业的城区,城郊 6 个行政区依然存在大量以农业为主要收入来源的农村地区。武汉整个地区地势相对平坦,约有 1/4 的区域是由水和湖泊构成的,是中国重点农产品产区之一,素有"鱼米之乡"的美誉。武汉农村地区积极推动包括大米、蔬菜、花卉、渔业、乡村旅游等农业产业的生计。由于武汉及其所属的长江中下游地区在国内农业生产中的重要作用,政府部门和相关企业都积极参与该地区的农业农村发展,化解其所面临的经济发展、社会公平和农业环境保护等方面的可持续发展挑战。

在大米产业中,供应链责任推动不同供应链和村庄之间的互动,而对供应链和村庄网络的整体认知,有助于发现使供应链和社区网络受益的机会。供应链网络是由不同的供应链和农村社区所构成的整体,是一个内部存在相互作用的系统。笔者采用走访观察法和访谈法,选取了最具典型的水稻供应链和村庄。走访观察法是一种快速的评估方法。②利用这一方法,笔者通过对供应链的各个环节参与者的访谈、交流和数据收集,快速掌握了整个供应链的绩效和相关运作细节。这项工作确保了后续的调查工作集中在研究问题的关键要素上。走访观察法的核心步骤包括关键知情人的访谈、结构性的直接观察、焦点小组访谈、社区访谈和非正式调查。本章采用半结构化、开放式访谈和观察的方法,对武汉水稻产业进行深入分析,特别是绘制重要的供应链过程,探究大米供应链的结构和协调机制。

---

① Robert K.Yin, *Case Study Research: Design and Methods*, London: Sage Publications, 2014.
② Ray Collins and Anthony Dunne, "A Rapid Supply Chain Appraisal Approach for Agribusiness Development Projects", *Acta Horticulture*, Vol.794(2008), pp.73—80.

（一）数据收集

本章选择了经济发展水平不同的两个水稻供应链依赖社区（QF 村和 XH村）。通过对村领导、社区成员和其他利益相关者（QF 村 $n=5$，XH 村 $n=4$）的深入访谈，收集了水稻供应链影响社区资本资产的数据。主要探讨了三个问题：（1）七种社区资本的地位与演变；（2）村庄稻米产业发展过程；（3）乡村发展愿景。然后，采用家庭半结构化访谈来了解家庭的资本资产水平及其在水稻供应链中的参与情况。通过全村挨家挨户上门访谈的方式，笔者采访了从事水稻种植家庭中的夫妇。在两村共访谈 52 户（QF 村 $n=25$，XH 村 $n=27$）。

水稻是一种经济价值相对较低的农作物，对水稻进行加工能增加水稻的附加值。在该地区，目前有农民自营小磨坊、合作社和中小规模的米厂等不同形式的水稻加工和销售企业。这些不同规模的水稻加工企业形成了农民主导、合作社主导和中小企业主导的大米供应链。通过对三种大米供应链的关键知情人（$n=26$）的深入访谈，笔者分析了供应链的可持续性能力。这些知情者包括村庄的农民、粮食经纪人、批发商、零售商和消费者等主要参与者，也包括政府官员、农业推广人员和农资经销商等辅助性参与者。本研究采用了"滚雪球"的抽样策略来选择受访者，采访从一名政府官员开始，在采访过程中发现下一位潜在的受访者，并请他初步推荐不同的合适受访者。随后，由这些被推荐的受访者指出其所在大米供应链或其他不同类型大米供应链上下游的受访者。访谈的问题包括：（1）每个参与者的可持续发展能力[①]；（2）大米供应链的结构，如产品流、信息流、资金流和关系；（3）大米供应链的时间和空间的演化过程。同时，在不同大米供应链和与之相关的 XH 村和 QF 村中选定行为者进行四个焦点小组讨论。一组（5 名参与者）由与各种类型的大米供应链相关的稻农组成，另一组（6 名参与者）由大米经纪人和合作社成员组成。女性村民分为两组（7名参与者），每个村一组。焦点小组讨论旨在丰富和验证深入访谈得到的信息，并对三种供应链的可持续性能力建设提供思考。笔者收集了 2015 年 3 月 1 日至 2015 年 7 月 3 日的村庄和供应链的数据。

---

① Sari Forsman-Hugg, Juha-Matti Katajajuuri, Inkeri Riipi, Johanna Mäkelä, Katja Järvelä and Päivi Timonen, "Key CSR Dimensions for the Food Chain", *British Food Journal*, Vol.115(2013), pp.30—47.

（二）数据分析

本章使用 QSR NVivo 10 软件来辅助编码、组织和排序信息。首先,开放编码阶段,反复阅读和归纳总结社区资产和供应链能力的数据,获取数据中自然涌现的信息含义和结构。在开放编码之后,本章根据信息的主题和描述,建立不同信息之间的内在联系。根据逐步涌现的主题,撰写了初始版本的案例分析。在此基础上,本研究对社区资产与供应链的可持续发展能力之间的相互作用进行编码和分析。这样一个再次分析的过程,推动了对大米供应链和乡村网络的社会结构的深入理解。例如,该研究发现,农村地区在动态的变化之中,从外地移徙过来的农民,以及进驻当地的跨国汽车制造企业,都推动了郊区农业生产的结构转型。基于大米供应链与农村社区的多重交互作用,我们编写了第二版的案例分析报告,如下节所述。

本章使用了三种方法来提高研究的可信性和严谨性。首先,采用多个证据来源(多角测量)交叉验证关键结果。例如,家庭访谈被用来核实与村庄关键知情人的深度访谈的数据。这有助于减少由于村内权力地位的不同而可能导致的对社区资本资产的看法偏差。又如参与访谈的主要供应链参与者被要求提名一个或多个人来提供补充信息,互补的信息组合为彼此提供了验证。与此同时,匿名程序有助于避免受访者有意说"应该说的话",减少认知偏见。此外,访谈不仅关注描述活动、能力和表现,而且还用一系列问题来证明这些行动(如给出理由,进一步解释,或做出一个因果陈述)。对立的解释和可能性被认为能增加内部有效性。

四、大米供应链与社区的互动

村庄和供应链网络特征如表 4.1 所示。QF 村和 XH 村都位于金水河的上游,有充足的灌溉水源供应,从事水稻种植已经 100 余年。水稻产业的长期发展,推动了大米供应链系统的多元化。拥有不同资源属性的 QF 村、XH 村和其他村庄分别嵌入了三种不同类型的大米供应链——农民主导的大米供应链、合作社主导的大米供应链和中小企业主导的大米供应链。尽管这些不同类型的大米供应链在规模和经营方式上显著不同,但由于它们都位于同一地区、在同一行业,彼此之间在稻米生产、采购和加工过程中既有竞争,也有合作。下面将介绍 QF 村和 XH 村的社区资源变化,三种不同大米供应链(农民主导、合作社主导和中小企业主导)的可持续能力,以及社区与供应链之间的相互作用。

表 4.1 村庄及不同类型的大米供应链的基本情况

村庄基本情况	QF 村		XH 村
	人口:1 000 人; 收入:10 万元(集体土地的租金收益)		人口:2 000 人; 收入:没有集体收入
	农民主导的供应链	合作社主导的供应链	中小企业主导的供应链
大米供应链网络基本情况	农民自行负责水稻的加工和销售; 粮食经纪人收购水稻后,卖给大米加工厂或者中储粮	村集体所有的合作社企业,由于国家财政补贴,拥有中等水平的机器设备,有村集体的干部和村庄有钱的能人负责运营工作	拥有较为先进和中等规模的机器设备,有自己的品牌和注册商标,需要从小农户、粮食经纪人、中储粮等多个渠道收购水稻

(一) 农村社区资源变化

1. 自然、设施和金融资本的复杂变化

在各级政府部门的帮助下,这两个村庄的自然环境、基础设施和收入水平都有明显的提高。在 QF 村,政府试图发展各种项目以降低诸如土壤重金属超标、非点源污染和村内水污染等农业环境污染。然而,村庄也面临着来自本地政府意料之外的农业环境污染。在 XH 村,村长报告说,为了加强对武汉市的生态和自然环境保护,政府将一家化工厂从武汉市内城搬迁到邻近的城市,而邻近的城市对环保要求相对较低,不达标污水被排放进河流。这条河流又途经 XH 村,导致这个村庄和附近村庄水域的严重污染。受益于国家每年对农业基础设施的投资,这两个村庄的农业设施维持在了较好的水平。同时,由于农业税减免、水稻种植补贴和大米最低收购价等一系列的政府措施,当地农民的收入有了一定的增加。此外,政府在 QF 村实施了新的项目——稻米合作加工厂和农村旅游,这些项目推动了农村家庭收入多样化并增加了就业机会。与此同时,当地农民家庭创造了多样化的生产模式,如稻荷轮作耕种模式、稻虾混合种养模式、扩大稻作规模等,以优化人力资源和土地安排,扩大经济效益。

尽管两个村庄的经济、环境和基础设施建设方面有了较好的改善,但村民

在村庄事务中的参与程度比较低,村庄的社会关系结构需要朝着"有利于变革"的方向改进。某位受访的政府官员表示,在许多政府推动的项目中,当地农民有意疏远甚至脱离政府官员。他解释说,当政府来监督社区的工作时,"被安排"的农民代表会汇报上级领导想听到的回答或问题,而不是给出他们真实的意见。他还表示,当地农民声音的缺失进一步强化了村长的权力,因为在做出社区层面的决策时,村长会为自己的利益说话,而不是为当地农民的利益说话。这一点也得到了村民们的证实。政府与大多数社区成员之间的距离不仅导致了农民对村庄集体事务不感兴趣和不作为,加速了农业设施的老化,村民也会在不利于他们权益的社区设施建设过程中联合起来进行抵抗。而且,农村社区资金和项目来源的性质也限制了农村经济发展的前景。由社区领导人控制的创业项目,比如一个村庄的稻米合作加工厂,没有很好地组织起来,以至于无法产生集体经济利益,或改善农村家庭之间的发展不平衡。大米加工厂项目同时还面临着严重的虫害、洪水灾害等自然威胁,以及巨大的市场风险。

2. 人力、社会、文化和政治资本的分散化

在两个村庄中,政府和一些社区成员策略性地利用已有的人力、社会、文化和政治资本来创造发展机会。一名政府官员表示,上级政府部门为了推动村庄发展,典型的干预策略是推荐一名他们认为有能力的候选人担任村长。他解释说,社区领袖若有积极的发展计划和创业精神,便可与外部机构保持紧密联系。上级政府对村长人选的战略性选择,主要是为了加速村庄经济发展,减轻农民和村集体的经济压力。村长们依靠自己的个人网络来确保政府项目的安全,他们认为,村委会的有效领导需要具备参与解决潜在问题的网络的能力。特别是,村长们热衷于积累政治支持关系。在这个过程中,社会资本变成了政治资本。

村民们说,他们通过与家庭成员和亲戚朋友保持良好的个人社交网络来提高自己的生活水平和应对逆境(如粮食短缺、自然灾害、贫困)的能力。例如,年长的家庭成员有照顾孙辈和种稻的责任,而年轻的夫妇则在城市从事非农业工作。家庭内部的分工鼓励年轻人到农村以外的地区发展,并减少了养育子女的费用。农村家庭的分工模式也适应了整个地区的工业发展格局,村民会积极保持和构建良好的家庭和社会关系,因为这有助于他们获得潜在的就业机会。

然而,广泛的社区内部联系和与政府的外部联系(与社会、文化和政治资本

密切相关)并未能有效改善家庭经济状况或推动村庄的长远发展。这主要有三个方面的原因。首先,一些村民说,维护个人社会关系需要经济投入,而这对大多数低收入农民来说,逐渐成为一项沉重的经济负担。其次,外部政府资源和决策只能短期改善村庄的基础设施服务供给,并非可持续资源。最后,依赖外部资源获得发展的思想,无法激励社区内部的能力建设。QF村和XH村的村长报告说,政府在社区发展项目的决策中发挥了主导作用,这种层级化的决策过程削弱了社区在执行过程中的组织性和自主性,难以拓展农民之间的沟通、责任感和对社区事务的共同努力等。

为了推动社区的进一步发展,需要重塑两个村庄的文化和政治资本来培养社区内的集体意识和减少发展所面临的困境。一些村民报告说,许多村民更关心个人财富的创造和快乐,而不是集体的成就。然而,积极主动的个人生计策略很可能与政府规划不相容,同时意想不到的外部政治决策和经济风险会影响个体发展的有效性。相比之下,社区组织和社区领导,通过过去的集体养鱼和合作的蔬菜销售活动,增加了集体福利,促进了村庄经济的发展,并且没有花费太多的成本。此外,村庄过去依赖集体协商和广泛参与化解了一些重要的难题。一位村干部说,村集体依据村庄的惯例和村委会组织法的决策程序,通过公开沟通(村委会会议)和农田持有者及待分配者的广泛参与(包括妇女和其他利益相关者),很容易在集体耕地再分配方面达成共识。随后,政府以土地产权改革的名义发布的土地使用权证书,为集体耕地所有权和家庭土地经营权增加合法性。但是,新颁布的土地使用权证书改变了原有的社区秩序和惯例,村民参与集体决策过程的社区协商机制衰落。与此同时,农民个体意识增强,为社区事务做出经济贡献的道德责任越来越淡薄。

因此,如上所述,两个村庄中社区资本具有不同的互动方式,塑造了乡村内部独特的发展过程和实践。大米供应链导致了村庄在自然、基础设施和金融资本方面的短期变化。然而,这些措施对提高农民的经济利润和个人福利方面的作用有限。与此同时,对人力、社会、文化和政治资本的策略性使用方式,导致了一种支离破碎的社区结构,对个人努力的推崇消解了过去的集体意识。这两个村庄的上述七种社区资本的演化直接影响三种不同类型大米供应链的可持续性能力(如下一小节所述)。

（二）大米供应链的可持续能力

大米供应链网络的物流结构和协调机制如图 4.1 所示。由农民、社区合作社和中小企业主导的大米加工厂从两个村庄的农民和中储粮的分支机构采购水稻，然后将加工后的大米卖给他们的客户。其中，合作社和农民主导的大米加工作坊主要为附近的村民、当地学校和餐馆供货，而中小企业的大米加工厂主要销往武汉市内和省外的批发和零售市场。在大米供应链网络中，粮食经纪人可以看作一种补充形式的农民主导的供应链，当地一些农民参与水稻收储环节以此获取利润，这也是实现生计和收入多样化的一种方式。三种不同类型的大米供应链具有不同的生产能力、适应能力和创新能力。①

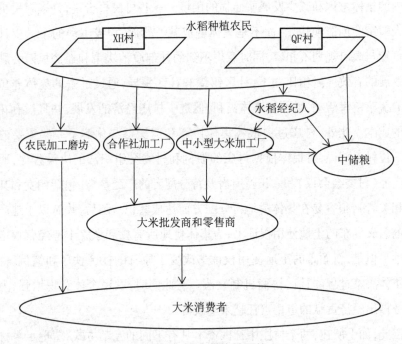

图 4.1 大米供应链网络

1. 农民主导的大米供应链

如前所述，农民主导的大米供应链有两种类型。第一种是一个农民管理着

---

① Sari Forsman-Hugg, Juha-Matti Katajajuuri, Inkeri Riipi, Johanna Mäkelä, Katja Järvelä and Päivi Timonen, "Key CSR Dimensions for the Food Chain", *British Food Journal*, Vol.115(2013), pp.30—47.

从水稻种植到水稻加工,再到将包装后的大米销售给其他村民和当地餐馆的整个过程。在另一种大米供应链中,农民充当经纪人,从个体农民那里购买水稻,然后供应给大米加工磨坊加工或供给中储粮作为粮食储备。这两种农民主导的大米供应链有助于调动家庭资源来获得高质量和低价格的大米,并且改善家庭生活方式和生计。在农民主导的供应链中,与农户、大米加工磨坊以及与消费者之间的关系至关重要。拥有大米加工磨坊的农民报告说,他们虽然不是政府大力支持的现代加工企业,但是在保障食品安全、保持水稻种植和加工方面的本土知识、加强社会网络和社区福祉等方面具有积极的作用。一方面,村庄的大米加工磨坊产出的大米物流中转更少,包装更少,对环境友好。另一方面,大米加工磨坊不会过度加工,而是尽量保留大米的天然营养,这不同于很多现代大米加工厂会将大米多次抛光,以增强它的光泽度。虽然农民主导的大米供应链具有不同的经济、社会和环境可持续性能力,但由于政府对农业设施的投资和科技改善的资金有限,它们的发展潜力受到限制。

在第二种农民主导的大米供应链中,水稻收购中间商(粮食经纪人)报告说,他们帮助了没有交通工具的家庭销售水稻,也提高了产业链的流通效率。然而,当地农民和相关知情人则倾向于报告粮食经纪人的"个人关系"带来的负面影响。由于采购规模决定了中储粮及其分支机构获取利润或收益的多寡,各分支机构都积极扩大收购规模。为了提高效率和效益,中储粮的分支机构优先选择购买规模大的粮食经纪人的产品,而不是农户手中少量的产品。这些粮食经纪人认为,他们降低了收储过程中设备、劳动力和会计方面的交易成本,同时,重复的交易和互动增加了粮食经纪人与中储粮之间的信任和关系。一些农民也证实了这一点。此外,关键知情人报告说,一些"积极主动"的粮食经纪人可能会利用寻租来节省水稻交易的排队等候时间,并与农民和其他经纪人竞争。这些因素导致产量少、销售数量小的农民被排斥在外。一些农民报告说他们选择使用经纪人,是因为他们将水稻出售到中储粮比向粮食经纪人销售水稻交易成本更高、价格不确定性更大、等待时间更长,甚至交易过程中遭受情感伤害的可能性更高。粮食经纪人传递的负面信息也给中储粮的声誉带来了挑战。农民们对中储粮的采购制度表示了不满,为了避免卷入中储粮收购系统,他们准备牺牲一些价格收益,直接将水稻卖给中间商。这既节省了他们的时间,以便他们去从事非农工作,也保护了他们的个人情感和尊严。然而,与此同时,不同于新闻媒体对粮食经纪人的积极态度,当地农民指责粮食经纪人并不考虑农民的福祉。

2. 合作社主导的大米供应链

QF 村嵌入了合作社主导的大米供应链,但随着 QF 村合作社的关闭,这个大米供应链也不复存在。QF 村的村委会成员和村里有投资能力的人员所构成的社交网络推动了合作社的形成,他们致力于运用国家对合作社的扶持政策,推动村庄能人的创业发展。虽然合作社主导的大米供应链吸引了有资金、有管理技能的人来开展合作,但他们却无法将合作性的创业活动转化为正式的经济发展能力。一些受访者表示,合作社大米加工厂仅依靠政府补贴经营了三年,就因为难以应对市场波动和激烈竞争而倒闭。另一名知情者将合作社大米加工厂的失败与成员间缺乏明确的目标和发展愿景联系起来,因为合作社创办的初衷更多的是获取政府补贴,并非出于真实的创业意愿和努力。由于没有强烈的创业热情,相关成员更愿意将合作社的工作当作一份兼职工作,而非集体和共同发展的事业。大米加工厂的低利润又进一步降低了合作社成员对经营活动的兴趣。笔者从其他村庄的合作社也收到了类似的信息反馈。

QF 村的合作社成员报告说,大米供应链仅仅加强了合作社成员的联系而不是社区内部的联系。因此,它对社区发展能力的贡献有限。接受采访的合作社成员强调,合作社关注的是村庄精英(拥有资本和商业技能的人)之间的关系,而不是普通人之间的关系。与此同时,QF 村村民反映,合作社成员忽视了与村民的关系,只为村委会少数成员服务,也并不在全村分配利益、不为村集体谋取发展机会,因此村民对以权力和财富精英为基础的合作社漠不关心。

在环境可持续性方面,QF 村的合作社加工厂强调了省时省力的水稻烘干设备对减少湿度过高导致的浪费方面的积极作用。而非常有意思的是,合作社成员却忽视了采用机械设备烘干水稻过程中的碳排放问题。该大米加工厂的成员进一步建议政府提供水稻干燥设备的资金补贴和电费优惠,以促进大米加工行业的农业现代化。他们认为,上了年纪的女生和水稻生产者体力较弱,无法从事传统的人工收割和晾晒工作。许多粮食经纪人与农村家庭签订了收割合同,需要大型干燥机来烘干水稻。此外,在太阳下暴晒的传统干燥方式,增加了 4 天的时间成本,很多农民对在阳光下暴晒水稻的干燥方式没有热情。

然而,合作社主导的大米供应链对环境可持续性贡献的认识更多是基于孤立的个人观点和成本效益的推理,而不是当地的社会和文化实践。当地政府官员报告说,每年农忙时节正值中国传统的农历公共假日期间,大多数进城务工的人会回到农村收割水稻,而男性成员在水稻收割、晾干方面发挥了关键作用。同时,对于很多种植和收割水稻的家庭来说,家庭和村庄的集体性水稻收割、晾晒行动是庆祝丰收和享受假期的生活方式的一部分。许多农民并没有放弃传统的、通过阳光暴晒的环保干燥方式。

3. 中小企业主导的大米供应链

经过几十年的发展,一些曾经由农民自营的小作坊逐渐成长为拥有先进技术和较强投资能力的中小企业。在附近的乡镇有 7 家中小企业主导的大米供应链,供 QF 村、XH 村和附近村庄的农民销售水稻。中小企业主导的大米供应链的经济能力表现在水稻交易数量和交货方面的操作灵活性、水稻质量高和精准响应买家需求等方面。两名知情者说,中小企业主导的水稻供应链的竞争力是由许多因素支撑的,包括产品品质优势、在水稻品质分级方面积累的知识和经验、协作行为和信任关系。一家大米加工磨坊报告说,它和农民签订了一份基于价值共享和相互信任的收入分享合同。农民向大米加工磨坊提供前期不收货款的水稻(信贷),大米加工磨坊在大米加工并销售之后再向农民支付较高的市场价格。依靠当地的财政支持和(与村民之间的)信贷,大米加工磨坊克服了暂时的资金短缺,能够在生产过程中不断升级水稻加工设施,从而提高产能和产量。与此同时,稻农很可能通过更高的价格增加他们的收入;在当地农民遭遇经济困难和个人麻烦时,大米加工厂也会积极提供支持。大米加工厂对村民和村庄发展有所助益的行动,提高了其在村民和农村中的声誉,使农村社区成员对其更加信任,愿意与其交易。农民的社交网络和口口相传有助于吸引更多来自更远地方的农民将水稻销售给这些声誉好的大米加工厂。因此,在相互作用中,信任、相互依赖和合作方式使得中小企业主导的大米供应链和地方经济健康高效发展。

受访者还表示,不断变化的农村社区发展情况给中小企业主导的供应链的经济可持续发展带来了三大潜在威胁。大米加工厂老板报告说,劳动力成本上升、年轻劳动力短缺以及与重金属污染有关的食品安全问题,增加了大米加工厂的困难和运营成本。一位大米加工厂老板还提到了农村地区社会关系带来的负担。在当地,向关系要好的供应者提供优于市场的价格是一种惯习,中小企业有时被迫接受部分损失,为低品级水稻支付最高品级的价格。

这些中小企业还报告称,与中储粮相关的自上而下的治理结构为其经济可持续性带来了复杂的结果。中小企业受访者表示,中储粮强大的水稻仓储和物流能力一定程度上支持了中小企业的发展。中小企业可以将中储粮作为仓储服务的供应者,而不需要建立自己的仓库并配备人员,从而降低生产成本。此外,一些大米加工厂与中储粮建立了良好的关系,而这些特定"关系"资产可以帮助大米加工厂将自己的仓库租借给中储粮来赚取租金。同时,大米加工厂可以购买中储粮临时存储在"自己仓库"中的水稻,从而避免运输成本,也保证稳定的水稻原料供应。一些中小企业报告称,中储粮在水稻流通中的垄断地位,增加了中小企业主导的大米加工业的市场依赖性或脆弱性。当新收获的稻谷暂时短缺时,中小企业便不得不支付更高的价格来购买储备的水稻,而这些更高的价格挤压了大米加工厂的利润。此外,由于中储粮对保护农民收入(最低收购价)的承诺,在市场价格较低时,中小企业被迫提价购买水稻以匹配最低收购价格。最后,受到国内最低水稻收购价政策的影响,中国水稻价格多年来一直高于国际市场价格,扭曲的市场信号助推了非法的大米进口。由于水稻的易腐性和高存量,进口大米又使得中储粮的水稻储备周转困难,导致整个行业的粮食浪费进一步加剧。

关于这些中小企业的社会能力,包括与员工的良好关系、当地发展和公平的市场营销,其中一家工厂接受采访的工人对他们在这项工作中的个人幸福和归属感作出了积极的评价。他们提出,这份非农工作机会就在家门口,使他们更容易照顾家人,也更容易获得社交网络的支持。但是,由于私营企业性质,大米加工厂面临着为工人购买商业保险的困难。由于大米行业年轻劳动力的短缺,工厂的工人很多在60岁以上,这导致在购买团体保险时要支付更高的价格。

中小企业主导的大米供应链的存在,鼓励了当地水稻产业的升级,也带动了上下游相关行业和部门不断发展、多样化和创新。据几位受访者称,在以中小企业为主导的大米供应链覆盖地区,已经建立了物流服务、农机厂和其他农业综合企业,提供诸如化肥、种植和收割方面的服务。

与此同时,中小企业报告称,中储粮与中小企业的共同实践,给农村造成了潜在的负面社会后果。受访者表示,有些大米加工厂除了购买优质水稻,也会从中储粮采购品质较差的水稻。水稻质量差源于三个方面的可能因素。第一,个别中储粮的分支机构故意购买陈粮,并冒充"新收割的水稻",以牟取非法利益。第二,中储粮庞大的收购网络中,存在的监管空缺导致买入了劣质水稻。第三,有些水稻在购买时质量好,却由于缺乏设施或监管,库存管理不当导致水稻质量恶化。中储粮的一些分支机构被指通过向当地大米加工厂出售劣质水稻来转移风险。当大米加工厂买到了质量较差的水稻时,为了盈利和生存,它们会把营养价值较低的大米卖给食品安全意识和营养健康意识较低的城镇零售商以及农村和城郊地区的低收入消费者。这是因为农村和城郊是政府监管较为薄弱的地区,而城市大型的批发市场上,政府立法严格、监管透明。

中小企业主导的大米加工厂经理报告说,有几个因素对他们减少大米供应链中食物浪费很重要。第一,适当的库存管理有助于防止变质和损失(例如防鼠防鸟)。第二,技术创新,特别是开发稻谷副产品,有助于减少浪费。尽管这些措施很有潜力,但两名受访者指出中小型大米加工厂目前缺乏资金来获得适当的加工设备。与此同时,一些关键的知情人批评了中储粮的水稻库存过剩造成的食品浪费,这种浪费带来了巨大的环境和经济挑战。减少水稻收储过程中的浪费与损失,比水稻产品的深加工和延长产业链更重要,它能更切实有效地实现粮食节约的目标。

表4.2　大米供应链的可持续发展能力

	农民主导的 大米供应链	合作社主导的 大米供应链	中小企业主导的 大米供应链
经济能力	带来客观的家庭生计选择; 价格竞争优势	由于依靠政府补贴、与村民的联系少,导致对市场风险的应对能力低下	生产加工能力强、灵活、可靠的供应以及和村民的合作关系,带来了良好的市场适应能力; 高劳动成本和劳动力短缺、政府干预带来的价格扭曲,导致利润低下

	农民主导的 大米供应链	合作社主导的 大米供应链	中小企业主导的 大米供应链
社会能力	信任和社会关系建设，对食物营养的维持； 过度政府干预和个体性的竞争行为，导致了对小农户的社会排斥	极低的创业意愿，影响了提升农民的生计的潜力； 基于地区精英的组织构成模式，具有潜在的社会排斥性	制度不健全，难以保障工人福利； 由于整个大米供应链系统的不利影响，被迫采取歧视性销售行为
环境能力	由于包装、运输少，对环境的不利影响小	对环境保护的作用非常有限	具有通过深加工来减少浪费的潜力； 难以应对农业环境退化，面临潜在的食品安全风险

（三）大米供应链与社区的互动

QF 村和 XH 村的社区资产与三种大米供应链的可持续性能力之间的相互作用表明了农村社区与供应链之间存在利益趋同和互惠关系。本部分从垂直关系和水平关系两个方面，解释水稻种植社区与大米供应链之间的相互作用。

从纵向上看，以家庭和村庄为基础的土壤和水资源保护措施影响着大米供应链的产品质量。与此同时，大米加工厂为农民提高优质的水稻收购价格，激发了当地投资水稻种植、农资销售、运输等方面的创业热情，从而使得大米供应链带来的增值收益更多地流向本地农村家庭和村庄。此外，一个有利的社区制度结构，如有利于社区成员与企业之间积累信任和信用的制度安排，稳定了水稻供应。由于大米供应链需要劳动力、运输、储存和销售，这些大米供应链的运行环节和过程也为村庄创造了多种就业和生计机会。村庄和临近村庄对大米供应链运行和经营活动的支持，提高了当地大米产业的竞争力，使水稻种植社区进一步发展成一个更有活力的农村地区，更有能力参与国内大米市场的竞争。因此，大米供应链和关联的农村社区相互影响，可以通过共同努力发挥其潜力。

从横向看，除了水稻供应链和农村社区之间相互支持的关系之外，供应链和农村社区所构成的网络也嵌入了一个更广泛的关系结构。在这个网状结构之中,政府发挥主导作用,为解决中国大米供应链网络面临的现实困境和发展问题制定政策议程,以达到实现公共利益的目的。村委会和农业企业,包括中储粮、中小企业主导的和其他较大的大米供应链参与者,与政府部门建立了良好的关系,被认为是实现政府主导的农村社区发展和稻米产业发展目标的支持者。与此同时,大多数种植水稻的农村家庭,以及一些农民经纪人、米厂和合作社成员,在特定范围中发挥相对较为有限的作用。这些与政府关系较弱的大米产业参与者采取各自的策略来适应经济压力,但没有很好的组织来实现大米供应链乃至整个产业的发展目标。

由于过去20余年大米供应链的蓬勃发展,这些被调查村庄已经由相对封闭的种植业村庄,转变为一个更加动态、多元化的地方。尤其是新的和外部的机构,如农地承包家庭、农业企业、合作社和政府成为农村社区的重要构成部分,打破了原有的村庄与外部的边界,正在重塑案例所涉及的两个村庄的关系网络和社会形态。例如,除了现有的农村家庭和村委会,QF村还通过建设农业设施、保护农业环境、设立社区合作社等方式与政府正式建立了联系。XH村也通过修建道路和农业设施等项目与政府保持联系,但它发展相对滞后,没有形成规模化的农业企业和合作社组织等,也没有与这些组织建立广泛联系;但它也通过土地流转与从外部迁移过来的租地农民家庭建立了非正式联系。总之,农村社区随着大米供应链的蓬勃发展,与越来越多的外部组织、个人建立了联系,社区与这些参与者的联系,为他们进一步发展提供了多种机会。

五、大米供应链治理

本章是从大米供应链与农村社区互动的角度,重新审视粮食安全和供应链治理问题。从供应链的角度来看,供应链与社区的相互作用对可持续发展产生了重要影响,也为研究者提供了三点启示。

首先,需要有一个广泛的社区视野,包括个人网络和村庄内外相互关联的参与者。研究结果表明,狭隘的基于地域的社区观,忽视了这些外部联系,可能无法推动村庄层面在自然、物质、金融资本和个人社会关系方面的投资,从而无法支持村庄的进一步发展。

其次,三种供应链与农村社区内部的不同层次相联系,而农村社区发展需要社区各层次的协调。农民主导的供应链有助于推动家庭生计的改善,合作社主导的供应链适于带动所在地村庄的发展,而中小企业主导的供应链对多个村庄的区域发展起到了重要的作用。尽管不同供应链具有其最适宜的影响力范围,但是,不同大米供应链之间的协同才能推动农村地区的持久发展。

再次,水稻供应链与农村社区在社会、经济和环境问题上会产生纵向和横向互动。这些联系为政府和社区领导人提高村庄的资本总量和农业供应链的可持续性能力提供了机会。特别是大米供应链-乡村互动不仅发生在明显的以产品为基础的网络中,也发生在参与水稻生产活动的深层社会文化网络中。①这表明供应链治理需要以明确的方式建立,重点关注村庄和供应链之间的联系。完善供应链治理不仅会扩大产业层面的利益和社区福祉,而且将在农业和食品系统中创建新的治理机制。

虽然网络理论已经应用到供应链研究中②,但供应链研究忽略了关于社区网络的文献③。现有供应链层面的实践也缺乏有助于提升供应链绩效的社区网络思维。④大多数实践关注单个供应链的发展和特定供应链内的供应商关系管理⑤。很少有研究考虑到不同供应链和社区的多重联系,或者涉及在更广泛的

---

① Philip Beske, Anna Land and Stefan Seuring, "Sustainable Supply Chain Management Practices and Dynamic Capabilities in the Food Industry: A Critical Analysis of the Literature", *International al Journal of Production Economics*, Vol. 152 (2014), pp. 131—143; Andreas Wieland, Robert B.Handfield and Christian F.Durach, "Mapping the Landscape of Future Research Themes in Supply Chain Management", *Journal of Business Logistics*, Vol.37(2016), pp.205—212.

② Stephen P.Borgatti and Li Xun "On Social Network Analysis in a Supply Chain Context", *Journal of Supply Chain Management*, Vol. 45 (2009), pp. 5—22; Steven Carnovale and Seagun Yeniyurt, "The Role of Ego Network Structure in Facilitating Ego Network Innovations", *Journal of Supply Chain Management*, Vol.51(2015), pp.22—46.

③ Jeff S. Sharp, "Locating the Community Field: A Study of Interorganizational Network Structure and Capacity for Community Action", *Rural Sociology*, Vol.66(2001), pp.403—424.

④ Craig R.Carter, Tobias Kosmol and Lutz Kaufmann, "Toward a Supply Chain Practice View", *Journal of Supply Chain Management*, Vol.53(2017), pp.114—122.

⑤ Douglas M.Lambert and Matthew A.Schwieterman, "Supplier Relationship Management as a Macro Business Process", *Supply Chain Management: An International Journal*, Vol. 17 (2012), pp.337—352.

领域中创造共享的机会。目前的研究也未能弥合供应链与社区之间的鸿沟,并将它们聚集在一起以实现更大的共同利益。

供应链-社区互动揭示了社区网络思维对提升供应链的可持续性的重要意义'。在这种思维中,农业供应链和村庄都是该网络发展的关键。与优先考虑具有资本和权力的全球农业供应链和关注供应链中价值增值活动所带来的利益的传统发展议程形成鲜明对比①,这种思维鼓励农民主导的供应链和社区发展的利益。供应链和处于不同发展状况的社区之间可能有多种联系。实施有效的供应链治理必须认识到它们在互动过程中相互联系的本质。②

社区网络也为促进供应链发展提供了另一种视角。本研究结果显示,不同类型的社区,特定的社区层面(家庭、村庄、地区)互动,会对不同类型的供应链实践和收益产生影响。社区网络成为影响供应链发展的重要方面。这是卡特等人提出的支持供应链思想的另一个维度。③社区网络结构不只为供应链提供可持续的支持结构,还为供应链和村庄创造了共同发展的机会。在此基础上,我们可以认为供应链责任不仅是解决冲突的结构性干预④,或对社区需求的简单回应⑤,而且是一个渐进的社会过程,推动行动者、供应链和供应链网络之间潜在的有益互动。

因此,供应链需要扩展其社区意识,使行动者聚集在一起创造共享利益。供应链层面的可持续性需要对多种供应链和社区网络进行综合管理,而不仅是对单个供应链或社区进行单独管理。这一观点丰富了我们对如何创建真正的

---

①　Michael E.Blowfield and Catherine Dolan, "Fairtrade Facts and Fancies: What Kenyan Fairtrade Tea Tells us About Business' Role as Development Agent", *Journal of Business Ethics*, Vol.93 (2010), pp.143—162.

②　Roberta Sonnino and Terry Marsden, "Beyond the Divide: Rethinking Relationships between Alternative and Conventional Food Networks in Europe", *Journal of Economic Geography*, Vol.6 (2006), pp.181—199.

③　Craig R.Carter, Dale S.Rogers and Thomes Y.Choi, "Toward the Theory of the Supply Chain", *Journal of Supply Chain Management*, Vol.51(2015), pp.89—97.

④　Clenn Banks, Regina Scheyvens, Sharon McLennan and Anthony Bebbington, "Conceptualising Corporate Community Development", *Third World Quarterly*, Vol.37(2016), pp.1—19.

⑤　Dietmar Stoian, Jason Donovan, John Fisk and Michelle F.Muldoon, "Value Chain Development for Rural Poverty Reduction: A Reality Check and a Warning", *Enterprise Development and Microfinance*, Vol.23(2012), pp.54—60.

可持续供应链的理解。①

本章的其局限性在于,由于研究的时间较短,研究范围有限,不可能揭示供应链与群落相互作用的各个方面。例如,本章没有尝试探索全球大米供应链与农村社区之间的相互作用;同时,我们也仅以中国的一个特定粮食品类生产行业为例进行了研究。由此,为了获得普遍性知识,还需要对不同行业、不同经济发展条件下的地区做进一步的比较研究。

供应链之间的合作,或供应链和村庄的合作,是供应链可持续性研究中尚未充分展开的领域。②整合和创新政策体系具有降低政策碎片化风险的潜力。③未来的研究和实践可以将这一更广泛的社区结构观点融入其中,促进供应链的发展。

此外,我们的研究通过将供应链与社区概念联系起来,丰富了关于如何构建可持续供应链④和社区的知识。然而,它并没有降低在供应链和社区网络中实现可持续性的复杂性。未来的研究需要整合理论知识和相关实践⑤,通过质性和量化等多种方法审视供应链与农村社区之间相互作用的有效性。

六、小　结

社区发展是供应链治理研究中一个被忽视的领域,传统上狭隘的供应链治理方法不足以应对新出现的挑战或机遇。国外的研究已经将供应链责任作为一种新的哲学,推动供应链与社区发展的融合。在中国,注重粮食安全的国家政策对大米供应链和与之关联的农村社区都产生了巨大的影响。本章超越了传统的从农民和企业等个体的角度来看待供应链发展的视角,而是从农村社区

---

①④　Mark Pagell and Anton Shevchenko, "Why Research in Sustainable Supply Chain Management Should Have No Future", *Journal of Supply Chain Management*, Vol. 50(2014), pp. 44—55; Thomas Y. Choi and Yusoon Kim, "Structural Embeddedness and Supplier Management: A Network Perspective", *Journal of Supply Chain Management*, Vol. 44(2008), pp. 5—13.

②⑤　Craig R. Carter, Tobias Kosmol and Lutz Kaufmann, "Toward a Supply Chain Practice View", *Journal of Supply Chain Management*, Vol. 53(2017), pp. 114—122.

③　Paula Jarzabkowski, Sarah Kaplan, David Seidl and Richard Whittington, "On the Risk of Studying Practices in Isolation: Linking What, Who, and How in Strategy Research", *Strategic Organisation*, Vol. 14(2016), pp. 248—259.

的角度,重新审视社区与供应链之间的互动关系,从大米供应链和社区网络中寻求可持续性发展的机会,换言之,它超越了基于特定的供应链类型和参与者或行为体的视角。本章利用供应链的可持续发展能力和社区资本来了解农业供应链和农村社区之间的相互作用。研究结果显示,在供应链和社区构成的网络之中,可持续发展的相关意图与实际成就之间存在着许多不一致之处。跨供应链和供应链-社区协作提供了潜在的互利共赢、协同发展的机遇。供应链和社区都需要从个体行为模式转向集体行动,以提供更大的可持续性潜力。在这样的网络中构建一个协作、创新、包容的社区,有助于社区的繁荣,也为供应链的可持续发展奠定了基础。

第五章　农业供应链治理与食品安全

——来自中国乳业的反思

一、引　言

中国的乳业随着经济发展和人民生活质量的提高得到快速发展,牛奶及乳制品已成为中国消费者最重要的食品之一。中国人对乳制品的消费逐年上升带动了乳制品加工、销售领域的就业,也为奶农扶贫提供了重要的保障。乳制品行业的快速发展,使得中国与美国、澳大利亚、荷兰等发达国家的相关行业差距不断缩小。改革开放以来,我国奶牛饲养规模不断扩大,企业加工能力明显增强,乳业发展结构不断优化。同时,国内龙头企业开始在大洋洲、欧洲、美洲布局奶源基地,扩大优质奶源供给。但即便如此,我国的人均牛奶占有量仅为美国的1/10、印度的1/6,乳制品供给方面依然存在巨大缺口。其中,广大农村地区的乳制品消费仅仅为城市消费的30%。

虽然我国乳业拥有巨大的发展空间和市场机遇,但中国乳业系统的转型在牛奶加工、运输、信息流通网络方面都存在严重滞后的情况。遗憾的是,2008年曾经最大的乳制品企业三鹿集团的三聚氰胺丑闻,损害了中国消费者对乳制品安全的信任度。①生产商通过非法向牛奶中添加化学物质,使其在检测时看起来

---

① Nadja El Benni, Hanna Stolz, Robert Home, Helen Kendall, Sharron A. Kuznesof, Beth Clark, Moira Dean, Paul Brereton, Lynn Frewer, Chan Sinyi, Zhong Qiding and Matthias Stolze, "Product Attributes and Consumer Attitudes Affecting the Preferences for Infant Milk Formula in China—A Latent Class Approach", *Food Quality and Preference*, Vol.71(2019), pp.25—33.

含有较高的蛋白质含量,从而导致 29 万余名消费者受害。[1]三聚氰胺牛奶事件是近年来食品安全危机的一个缩影,不仅使消费者失去了对食品零售商、健康和安全检测机制乃至整个国内乳制品行业的信任[2],也导致公众质疑政府部门在食品安全方面的治理能力[3],凸显中国乳业发展的系统性困境。

首先,乳业供应链内部的权力关系,给乳业的健康发展和食品安全留下了重大的隐患。大型乳制品公司需要依赖中间商为它们从大量分散的小农户处收购、加工和储藏鲜乳,以便自己更集中力量于乳制品的生产。近年来有大量收购鲜奶的"奶站"兴起。作为大公司的经纪人,这些奶站对分散的小农户享有垄断或近乎垄断性的权力,对收购价格有决定权,这使得小农户处于不利的地位。这种市场交换的结构性不平等源于大型商业资本的新型剩余价值榨取方式。有人认为,食品安全事件的发生,本质是乳制品供应链中利润分配、合作关系和制度建设缺失的一个缩影。

其次,作为一体化程度要求高的产业,乳业发展涉及原奶生产、收集运输、加工包装、流通销售各环节,如果乳制品供应链缺乏全面性、综合性的治理[4],就无法多维度、立体式地保障乳制品安全。依靠政府监管和行业监管的乳制品安全治理,有其内在的局限性。单纯依赖行业监管、政府监管难以避免监管困境和违规困境。[5]例如,食品行业协会面临成员企业的参与性问题和道德风险,而且内部治理机制、互查制度、申诉机制以及惩罚淘汰机制等发展亦不完善。面对政府和行业监管的不足,强化社会层面的参与是保障乳制品安全的重要方式,[6]需

---

① 《29 万余名婴幼儿泌尿系统因食用问题奶粉出现异常》,胶东在线:https://www.jiaodong.net/news/system/2008/12/01/010406793.shtml。

② Lu Xiaojing, "The Cause and Effect Analysis of the Melamine Incident in China", *Asian Journal of Agricultural Research*, Vol.5(2011), pp.176—185.

③ Yi Kang, "Food Safety Governance in China: Change and Continuity", *Food Control*, Vol.106(2019), pp.706—752; Wu Xiaolong, Yang Dali and Chen Lijun, "The Politics of Quality-of-Life Issues: Food Safety and Political Trust in China", *Journal of Contemporary China*, Vol. 26 (2017), pp.601—615.

④ 杨伟民:《中国乳业产业链与组织模式研究》,中国农业科学院 2009 年博士学位论文。

⑤ 谢康、赖金天、肖静华、乌家培:《食品安全、监管有界性与制度安排》,载《经济研究》2016 年第 4 期。

⑥ 谢康、赖金天、肖静华:《食品安全社会共治下供应链质量协同特征与制度需求》,载《管理评论》2015 年第 2 期。

要充分调动社会成员的积极性,让其有序参与乳制品供应链的治理过程。

最后,乳制品安全隐患和事故,是转型时期政府监管、市场制度①、生产者自律和消费者参与不足的共同结果,是奶制品本身和生产过程的治理能力危机。中国乳制品行业面临着国内和国外产业运行与消费环境的双重挤压。虽然中国消费者对外国奶粉的依赖存在局限性,如荷兰、澳大利亚等对中国婴幼儿配方奶粉设置限额,以保障出口国国民自身的需求,但是中国消费者依然倾向于选择购买国外的奶粉。同时,中国政府也控制奶粉无限度进口,避免损害中国奶农与企业的生存与发展。乳制品安全关系到消费者的身体健康和生活质量,也关系到中国的政治稳定、经济发展与社会和谐。乳业发展不仅需要调动市场的理性选择机制,也需要满足消费者的精神需求。乳制品企业需要激发消费者内在归属感和安全感,进而以可持续性消费的行为和实践,变革乳业治理体系,推动乳业转型。

食品安全连着千家万户,是社会安定、社会秩序良好的重要体现,是满足人民美好生活需要的重要基础,也是国家治理能力的重要构成部分。随着我国农业生产力水平的不断提高、市场经济制度的不断完善,农产品供给的产量、质量不断提升,人民已经摆脱饥饿和营养不良的威胁,越来越吃得饱、吃得好,生活水平和生活质量得到显著改善。日益丰裕的食品供给体系,也面临着食品行业泥沙俱下、良莠不齐的风险,尤其是有毒有害的食品添加、农业残留、假冒伪劣等商品,给消费者的生命健康带来严峻挑战。例如,地沟油、瘦肉精、三聚氰胺奶粉、重金属超标的大米、过量用药的瓜果蔬菜等,每一个事件都触目惊心,既打击了消费者对中国食品行业的信任,也让政府的治理体系和治理能力饱受社会质疑。民以食为天,没有食品安全,就没有国家的长治久安。习近平新时代中国特色社会主义思想提出要"牢固树立安全发展理念""抓紧建立健全安全生产责任体系""实施食品安全战略"等,从发展理念、生产责任到管理战略等不同方面,提出了全党全社会共同构建食品安全的时代使命。

面对中国乳制品安全的系统性危机,重建消费者对中国乳制品安全的信任

---

① 汪鸿昌、肖静华、谢康、乌家培:《食品安全治理——基于信息技术与制度安排相结合的研究》,载《中国工业经济》2013 年第 3 期。

已成为重要的治理实践和理论关注的焦点。从 2008 年起,研究者就已开始探索政府监管、行业活动和公司治理等在确保乳制品或食品安全中的作用①,以及乳制品消费者在商业环境中的观点和选择②。这些研究致力于完善传统乳制品安全监管体制及维护公平正义的市场竞争③,发挥治理过程的制度、历史、组织、领导等优势,推动低成本、高效率、多维度的监管④。但是,以被信任方(政府和公司的行动)或者信任方(消费者的观点)为中心的研究,忽略了政府、企业与消费者的相互依赖和彼此关联性,制约了重建食品安全的信任的效果和效率。

本章的目标是通过对各级政府部门和八个国内大中型乳制品企业公开资料梳理,以及对国内外涉及中国"乳制品安全""乳制品掺假""食品恐慌"的学术论文进行系统性文献综述的方法,从乳制品行业被信任者(政府与企业)与信任者(消费者)之间的关系角度,全面探讨中国乳制品供应链的信任重建过程,为中国乳业实现危机中的变革与发展、提升治理能力和治理韧性提供理论和政策建议。信任重建是推动乳制品供应链治理创新的中介机制。本章聚焦三个研究问题:(1)政府和行业协会在确保乳制品安全方面采取了哪些措施?(2)在政府和行业协会的治理下,消费者如何看待中国的乳制品安全?(3)在重建乳制品安全信任方面提高治理能力的潜在机会是什么?

---

① Zhang Dashi, "Communication Strategies of the Chinese Dairy Industry Manufacturers to Rebuild Reputation and Maintain a Quality Relationship", *Journal of Media and Communication*, Vol.5 (2013), pp.118—130; Pei Xu, Yan Yang and Todd Lone, "Chinese Parents' Safety Concerns and Willingness to Pay for Child Milk Beverages: A Case Study from Beijing", *The Chinese Economy*, Vol.50, no.3(2017), pp.141—156.

② Qiao Guanghua, Guo Ting and Kurt Klein, "Melamine in Chinese Milk Products and Consumer Confidence", *Appetite*, Vol.55, no.2(2010), pp.190—195; Wu Linhai, Xu Lingling and Gao Jian, "The Acceptability of Certified Traceable Food among Chinese Consumers", *British Food Journal*, Vol.113, no.4(2011), pp.519—534; Wu Xiang, Hu Bin and Xiong Jie, "Understanding Heterogeneous Consumer Preferences in Chinese Milk Markets: A Latent Class Approach", *Journal of Agricultural Economics*, Vol.71, no.1(2020), pp.184—198; Zhou Yingheng and Wang Erpeng, "Urban Consumers' Attitudes Towards the Safety of Milk Powder after the Melamine Scandal in 2008 and the Factors Influencing the Attitudes", *China Agricultural Economic Review*, Vol.3, no.1(2011), pp.101—111.

③ 高玮:《公共治理理论视角下的食品安全监管体制研究》,湖南大学 2010 年博士学位论文。

④ 汪亚峰、熊婷燕:《行业协会参与我国食品安全治理探讨》,载《江西社会科学》2020 年第9 期。

本章对于提升农业供应链治理具有重要的理论和现实意义。信任是一种非正式的资源,也是市场、组织和产业高质量发展的关键性因素。信任重建是被信任方(政府与企业)与信任方(消费者)通过塑造外部环境,改变市场交易主体的态度和行为,进而影响社会信任的程度与变迁的过程。在推动中国农业高质量发展的新阶段,本章探讨了曾遭受重创的中国乳制品行业的信任重建过程。本章整合消费者感知和政府及企业的实践,探索乳制品供应链信任重建的发展变迁及作用机制。研究发现:(1)政府和企业积极推动乳制品安全的各项新法规、新制度,保障乳制品安全;(2)信任是影响消费者消费选择的重要因素,消费者对乳制品安全的信任受到多种因素的影响;(3)信任重建需要政府、企业和消费者的共同努力,而消费者参与治理的缺位,影响了消费者信任的重建。消费者参与乳制品供应链治理,是消费者信任重建的关键环节,这一发现对推动乳制品供应链发展、改善食品安全治理模式、增强经济创新力具有启示意义。

本章分为六个部分,在引言之后第二部分简述了本章的研究方法和研究视角;第三部分探讨了中国政府和乳制品企业的乳制品供应链的治理变革;第四部分分析了消费者对乳制品安全的态度和感知,并且分析了影响消费者乳制品安全信任的多重因素;第五部分探讨了乳制品安全信任重建过程对乳制品供应链治理的启示。第六部分总结了重构乳制品安全信任对提升乳制品供应链治理的意义与方法。

二、研究方法和研究视角

文献收集方面,本章对国外 Scopus、Web of Science、ScienceDirect、Google Scholar 等英文数据库和国内知网数据库进行检索,搜寻从 2008 年到 2020 年关于"乳制品安全""乳制品掺假"和"食品恐慌"的中英文文献,包括论文、国家政策、法律规定和行业标准等。首先,通过"乳制品安全"或"乳制品造假"加"中国"等关键字的检索,获得 2 032 篇文献。其次,剔除重复数据之后,筛选出 934 篇文献。最后,阅读摘要或全文,剔除不相关文献,最终得到 62 篇文献。同时,通过网站信息,检索中国八个大型和中型乳制品加工企业,包括伊利、蒙牛、光明、完达山等企业社会责任报告和相关信息,进一步了解企业对于提升乳制品安全的措施和实践。这些文献从不同维度反映了我国乳业在 2008—2020 年这12 年的发展状况,有助于拓展中国乳制品安全信任重建研究的深度和广度。

文献分析方面,本章分为两个步骤。第一步依据上文提出的三个研究问题,综合和提炼研究成果,形成对被信任者(政府和企业)行动和信任者(消费者)感知的综合性分析。第二步深化整合上述三个研究问题,推动理论创新。在这一步中,本章将"信任重建"作为一项乳制品供应链治理的组织原则,而不是将重获信任作为政府和企业行为的结果。在以往的研究中,信任是一种心理状态,是指期待交易的一方不会采取投机行为,即使这种行为不会被受害者发现;或者,将信任定义为制度层面的系统性信任,如对金融系统、政治权力等控制力的相信。在这一研究视角中,信任与治理具有相互补充与相互替代的关系。信任可以提升治理的效果,进而减少对正式制度的依赖。

研究视角方面,本章将信任重建当作推动相互关联的信任者与被信任者之间重构关系和资源,实现共同目标的治理过程。不同程度的信任,导致信任者与被信任者之间有不同的组织与协同方式。信任作为一种组织原则,能够实现对供应链治理的优化、升级和重塑,具有结构化与动员化的组织作用。结构化意味着信任会塑造相对稳定和长久的互动模式,会形成一种社会网络结构,或者创造一些新的连接方式,重构网络的边缘和中心位置。不同成员在网络中的位置,通过传递、再生能力和角色重塑影响了社会结构的密度、稳定性和多样性。动员化意味着信任会激励行动者贡献、整合、协调资源来实现共同的目标。有形资源和无形资源并非在各个主体之间平均分配,但信任程度直接影响了不同成员贡献、合并和协调资源的行动。同时,信任会影响知识分享、承诺和对评价的展示与保留。调动资源的过程带来了不同的身份、权力与知识群体间的社会分层,它塑造了一个组织系统的资源重组。

三、乳制品供应链的治理变革

(一)政府干预

在 2008 年发生三聚氰胺事件之后,中国国家质量监督检验检疫总局(以下简称"国家质检总局")取消了食品加工企业获得的产品免检资格。根据这项规定,乳业公司必须立即停止产品免检相关的宣传活动,并且任何品牌的产品都需要接受检查,无一例外。包装上印有的国家免检标志也被认为是无效的。

中国政府加强了监管水平,以确保不再有毒奶制品进入市场,并在各种法规中引入了一系列监督管理规定。[1]《乳品质量安全监督管理条例》要求各部门加强自己的职责。尤其是,畜牧兽医主管部门有责任加强对奶畜饲养和生鲜乳生产与收购的监督检查。国家、省、市、县级质量监督检验检疫部门加强监督检查,加强乳制品进出口监督检查。国家工商行政管理总局负责加强乳制品销售的监督检查。监督信息将在不同部门之间共享,以便控制从生产到加工所有阶段的乳制品安全状况。监督部门派人员对每批成品进行严格检查,以确保乳制品的质量和安全。

在检查过程中,政府发现有毒化学物质的检测标准及环节缺失。[2]正是由于乳制品中的三聚氰胺含量在 2008 年之前没有被检测,同时也没有检测三聚氰胺含量的相应标准,才导致三聚氰胺事件的发生。[3]事件发生后,国家修订了针对乳制品不同成分测试的相关标准。根据中国标准服务网查到的信息,仅在 2008 年,国家质检总局就发布了 12 项新标准,用于测定乳品中的 β 兴奋剂残留。《乳品质量安全监督管理条例》还规定,在生乳的生产、获取、储存、运输和销售过程中,严禁使用任何添加剂,特别是禁止在乳制品生产过程中添加非食品化学添加剂或其他可能危害人体健康的物质。

---

[1] Jia Xiangping, Huang Jikun, Luan Hao, Scott Rozelle and Johan Swinnen, "China's Milk Scandal, Government Policy and Production Decisions of Dairy Farmers: The Case of Greater Beijing", *Food Policy*, Vol.37, no.4(2012), pp.390—400; Yang Xinran, Kevin Chen and Kong Xiangzhi, "Factors Affecting the Adoption of On-Farm Milk Safety Measures in Northern China—An Examination from the Perspective of Farm Size and Production Type", *Journal of Integrative Agriculture*, Vol.18, no.2(2019), pp.471—481; Yang Ronghui, Klasien Horstman and Bart Penders, "Constructing the Accountability of Food Safety as a Public Problem in China: A Document Analysis of Chinese Scholarship, 2008—2018", *Journal of Chinese Governance*, Vol.18, no.2(2020).

[2] Qian Guixia, Guo Xiaochuan, Guo Jianjun and Wu Jianguo, "China's Dairy Crisis: Impacts, Causes and Policy Implications for a Sustainable Dairy Industry", *International Journal of Sustainable Development & World Ecology*, Vol.18, no.5(2011), pp.434—441.

[3] Yang Xinran, Kevin Chen and Kong Xiangzhi, "Factors Affecting the Adoption of On-Farm Milk Safety Measures in Northern China—An Examination from the Perspective of Farm Size and Production Type", *Journal of Integrative Agriculture*, Vol.18, no.2(2019), pp.471—481.

奶站是奶农和奶制品加工公司的重要纽带。然而,造成 2008 年三聚氰胺事件的一个重要原因是一些奶站的经营者明知食品安全法律却不遵守,并且当时也没有具体的管理规定和相应的监管部门。①因此,政府迫切需要解决的问题是生奶收购不规范,以及对奶站的监管不足。②中华人民共和国国务院提出了关于奶牛养殖、购买原奶、生产乳制品和销售乳制品的规定。农业部出台了《生鲜乳生产收购管理办法》和《生鲜乳收购站标准化管理技术规范》。这些法规和管理措施要求奶牛场建立育种档案,准确填写相关信息,并受到当地畜牧兽医管理部门的监督。此外,奶站被纳入商业管理系统中,并且必须获得当地畜牧兽医管理部门颁发的生鲜乳购买许可证。所有的奶站都应该与加工企业签订生鲜乳采购合同。政府还鼓励大型奶制品加工企业建立自己的奶牛场。

造成三聚氰胺事件的另一个原因是食品安全领域的非法经营成本低且执法力度不足。③这导致非法经营者存在侥幸心态。除了加强对供应链的监管和发布更多法规外,政府还更严格地执行现有法律。④食品安全法和刑法改变了非法经营的处罚规定。新规定对在乳制品中添加非食品化学添加剂的奶站经营者或乳品加工企业,处以非法乳制品价值的 15 倍至 30 倍的罚款,并吊销营业执照。与婴儿配方奶粉生产有关的违法行为也将受到严厉惩罚。2015 年再次修订的食品安全法将食品违法罚款的底线从 2 000 元提高到 5 万元。为了加快建

---

① Caroline E.Handford, Katrina Campbell and Christopher T.Elliott, "Impacts of Milk Fraud on Food Safety and Nutrition with Special Emphasis on Developing Countries", *Comprehensive Reviews in Food Science and Food Safety*, Vol.15, no.1(2016), pp.130—142.

② Qian Guixia, Guo Xiaochuan, Guo Jianjun and Wu Jianguo, "China's Dairy Crisis: Impacts, Causes and Policy Implications for a Sustainable Dairy Industry", *International Journal of Sustainable Development & World Ecology*, Vol.18, no.5(2011), pp.434—441; Yu Hailong, Wang Hong and Li Binglong, "Production System Innovation to Ensure Raw Milk Safety in Small Holder Economies: The Case of Dairy Complex in China", *Agricultural Economics*, Vol.49, no.6(2018), pp.787—797.

③ Helen Kendall, Sharron Kuznesof, Moira Dean, Chan Mei-Yen, Beth Clark, Robert Home, Hanna Stolz, Zhong Qiding, Liu Chuanhe, Paul Brereton and Lynn Frewer, "Chinese Consumer's Attitudes, Perceptions and Behavioural Responses Towards Food Fraud", *Food Control*, Vol.95(2019), pp.339—351.

④ Pei Xiaofang, Annuradha Tandon, Anton Alldrick, Liana Giorgi, Huang Wei and Yang Ruijia, "The China Melamine Milk Scandal and Its Implications for Food Safety Regulation", *Food Policy*, Vol.36, no.3(2011), pp.412—420.

立科学有效的食品安全体系,中国政府在 2015 年还引入了"四严格"要求,即非常严格的标准、监督、惩罚和问责规定。由前述分析可知,自 2008 年以来,政府一直专注于规范整个乳制品行业的供应链,为此发布了许多新的具体法规和标准。

(二) 乳业公司的行动

三聚氰胺事件发生后,涉事乳制品公司立即向公众道歉,并表示愿意接受社会监督。他们迅速停止销售有问题的乳制品,同时开设了消费者热线并着手进行赔偿。[①]乳制品公司加大了对原料的检查力度,建立了新的测试技术和方法,对供应链中的所有流程进行了严格监控[②],并建立了可追溯系统[③]。例如,截至 2017 年底,国内最大的乳制品加工公司伊利公司共投资 6.35 亿元购置检测设备,年检测成本近 3 亿元。一箱伊利牛奶从原材料到产品交付会经历 1 000 多次检测。[④]同时,许多乳制品公司开始加大对高附加值、深加工产品的研发力度,从而极大地优化了产品结构。企业还试图通过更换产品包装来将最新的愿景传达给消费者。

为了确保原奶的质量和安全,乳品公司将重点从营销转移到了高质量的奶源基地建设和奶站管理上。[⑤]在此过程中,许多乳制品加工公司响应政府的号召,开始经营自己的牧场,并逐渐增加自控奶源的比例,或开始遵守严格的法规,并与供应链的上游合作,以提高生鲜乳生产质量。自营牧场不仅可以确保乳制品来源的质量,还有利于原奶的收集、运输和检测。2015 年,伊利在全国拥

---

① Cao Ting, Shi Guicheng and Yin Yanting, "How to Repair Customer Trust of High-Risk Products after Negative Publicity", *Nankai Business Review International*, Vol. 5, no. 4 (2014), pp.382—393.

② Song Yinghua, Yu Huiqin and Lv Wei, "Risk Analysis of Dairy Safety Incidents in China", *Food Control*, Vol.92(2018), pp.63—71.

③ Liu Cheng, Li Jiaoyuan, William Steele and Fang Xiaoming, "A Study on Chinese Consumer Preferences for Food Traceability Information Using Best-Worst Scaling", *PLoS One*, Vol.13, no.11(2018).

④ 《2017 年度内蒙古伊利实业集团股份有限公司社会责任报告》,伊利官网:https://www.yili.com/sustainable/annuals,访问日期:2023 年 7 月 20 日。

⑤ Jia Xiangping, Luan Hao, Huang Jikun, Li Shengli and Scott Rozelle, "Marketing Raw Milk from Dairy Farmers before and after the 2008 Milk Scandal in China: Evidence from Greater Beijing", *Agribusiness*, Vol.30, no.4(2014), pp.410—423.

有 2 400 多家自建和合作牧场,其供应量已达到伊利公司乳制品生产原料需求量的 100%,①在整个行业中排名第一。光明乳业、蒙牛和伊利等公司也在海外布局,例如在新西兰和美国寻找优质乳源,并在海外建立自己的工厂。②

在消除三聚氰胺事件影响以及挽救乳制品行业形象的同时,乳制品公司意识到消费者渴望获得透明的信息。③蒙牛和伊利从 2008 年开始发布社会责任报告,向公众展示企业为提高乳制品质量所采取的措施。自 2017 年以来,伊利还发布了生物多样性保护报告,旨在使公众信服其环境保护和可持续发展战略。此外,乳制品公司在微博、微信和其他社交媒体平台上建立了官方账号,改善了消费者反馈渠道。这也使公司能够积极应对消费者的投诉并消除消费者的疑虑。图 5.1 说明了乳制品行业的供应链以及政府和加工公司为减少食品安全问题所采取的行动。

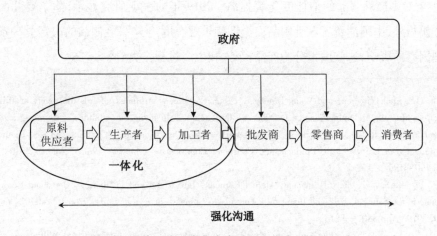

图 5.1　政府和产业参与者在乳制品供应链中的行动

其中,乳制品加工企业发布的年度责任报告,为消费者提供了高质量

---

① 《2015 伊利集团社会责任报告》,伊利官网:https://www.yili.com/sustainable/annuals,访问日期:2023 年 7 月 20 日。

② Jia Xiangping, Huang Jikun, Luan Hao, Scott Rozelle and Johan Swinnen, "China's Milk Scandal, Government Policy and Production Decisions of Dairy Farmers: The Case of Greater Beijing", *Food Policy*, Vol.37, no.4(2012), pp.390—400.

③ Rohit R.Pant, Gyan Prakash and Jamal A.Farooquie, "A Framework for Traceability and Transparency in the Dairy Supply Chain Networks", *Procedia—Social and Behavioral Sciences*, Vol.189 (2015), pp.385—394.

的线上信息,使消费者可以借此了解有关乳品公司遵守的新法规或其他详细信息。①因此,消费者对政府和制造商表现出更多的信任。②他们认为政府和乳制品制造商已采取行动改善乳制品质量,并拥有更出色的能力和充足的知识以确保乳制品的安全。③

四、消费者的乳制品安全信任

尽管安全的乳制品很快上市,但是消费者重建乳制品安全的信任需要漫长的过程,并且受到了诸多因素的影响。三聚氰胺事件导致中国乃至国际市场对中国乳制品的信任度降到了历史最低点,然而,由于政府和行业采取了许多补救措施和行动来管理乳制品供应链④,消费者对国产乳制品的信心正在逐渐恢复⑤,对国产乳制品的信任度显著提高。2019 年的一项研究显示,除了婴儿配方奶粉外,中国消费者对乳制品安全性持乐观态度。⑥购买乳制品的决定受一系列因素的影响,这些因素分为产品、个人和生产过程三类(图 5.2)。

---

① Zhou Yingheng and Wang Erpeng, "Urban Consumers' Attitudes towards the Safety of Milk Powder after the Melamine Scandal in 2008 and the Factors Influencing the Attitudes", *China Agricultural Economic Review*, Vol.3, no.1(2011), pp.101—111; Qiao Guanghua, Guo Ting and Kurt Klein, "Melamine in Chinese Milk Products and Consumer Confidence", *Appetite*, Vol.55, no.2(2010), pp.190—195.

② Li Saiwei, Siet, J.Sijtsema, Marcel Kornelis, Liu Yumei and Li Sheng, "Consumer Confidence in the Safety of Milk and Infant Milk Formula in China", *Journal of Dairy Science*, Vol.102, no. 10(2019), pp.8807—8818.

③ Pei Xu, Yan Yang and Todd Lone, "Chinese Parents' Safety Concerns and Willingness to Pay for Child Milk Beverages: A Case Study from Beijing", *The Chinese Economy*, Vol.50, no.3 (2017), pp.141—156.

④ Yu Hailong, Wang Hong and Li Binglong, "Production System Innovation to Ensure Raw Milk Safety in Small Holder Economies: The Case of Dairy Complex in China", *Agricultural Economics*, Vol.49, no.6(2018), pp.787—797.

⑤ Helen Kendall, Sharron Kuznesof, Moira Dean, Chan Mei-Yen, Beth Clark, Robert Home, Hanna Stolz, Zhong Qiding, Liu Chuanhe, Paul Brereton and Lynn Frewer, "Chinese Consumer's Attitudes, Perceptions and Behavioural Responses towards Food Fraud", *Food Control*, Vol.95(2019), pp.339—351.

⑥ Li Saiwei, Siet J. Sijtsema, Marcel Kornelis, Liu Yumei and Li Sheng, "Consumer Confidence in the Safety of Milk and Infant Milk Formula in China", *Journal of Dairy Science*, Vol.102, no.10(2019), pp.8807—8818.

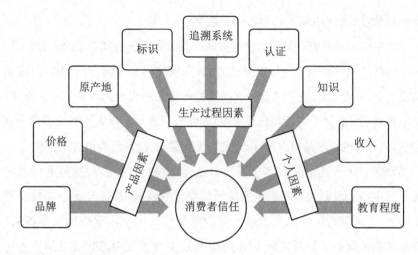

资料来源:基于文献的总结。

图5.2　影响乳制品安全信任的三大因素

(一) 影响消费者信任的产品相关因素

研究表明,乳制品品牌、价格和乳制品产地等产品因素会影响消费者对乳制品的信任程度。①一些消费者愿意支付相对高的价格来购买大型乳品加工公司生产的乳制品,因为他们认为这些乳制品更具安全保障②。例如,蒙牛和伊利这两家公司的总部位于内蒙古,而内蒙古有着数千年的放牧传统。这种内在的心理认知使消费者感觉该地区生产的乳制品质量更好。这些乳品公司的产品针对的是全国市场,因此消费者认为它们的产品受到更多的监管。③购买的同时,消费者对这些乳制品品牌有了更多的认识,提高了消

①　Djin Gie Liem, Dieuwerke Bolhuis, Hu Xianmin and Russell Keast, "Short Communication: Influence of Labeling on Australian and Chinese Consumers' Liking of Milk with Short(Pasteurized) and Long(UHT) Shelf Life", *Journal of Dairy Science*, Vol.99, no.3(2016), pp.1747—1754.

②　Hean Tat Keh and Xie Yi, "Corporate Reputation and Customer Behavioral Intentions: The Roles of Trust, Identification and Commitment", *Industrial Marketing Management*, Vol. 38, no. 7 (2009), pp.732—742; Wang Zhigang, Mao Yanna and Fred Gale, "Chinese Consumer Demand for Food Safety Attributes in Milk Products", *Food Policy*, Vol.33, no.1 (2008), pp.27—36; Zhang Caiping, Bai Junfei, Bryan T.Lohmar and Huang Jikun, "How Do Consumers Determine the Safety of Milk in Beijing", *China Economic Review*, Vol.21, no.1(2010), pp.45—54.

③　Gong Qian and Peter Jackson, "Mediating Science and Nature: Representing and Consuming Infant Formula Advertising in China", *European Journal of Cultural Studies*, Vol.16, no.3(2013), pp.285—309.

费者的信任度,进而增加了消费者的忠诚度。

一些中国消费者将更高的价格与更好的质量和安全性联系起来。他们认为,乳制品的高价表明加工商使用最好的原奶、高端技术和检测方法,因此产品营养丰富且安全。[1]基于此,他们愿意付出高昂的价格以确保乳制品的安全。近年来,由于担心常规乳制品中可能包含较多添加剂,消费者对有机乳制品的需求不断增长,他们认为有机乳制品可以等同于天然、无污染、安全且营养丰富的乳制品。[2]

消费者对国产乳制品的信心不断增强,但是相比较而言,他们更加倾向于购买外国生产的乳制品。根据国家统计局发布的数据,2017年乳制品进口增长了13.5%,远高于同年中国乳制品产量的增长(4.17%)[3]。《中国青年报》2017年发布的相关调查结果清楚地表明了这一点,调查者发现,38.9%的消费者更喜欢进口乳制品。从美国和新西兰进口的婴儿配方奶粉比其他地区的更受青睐。对进口乳制品需求的不断增加表明,即使10年后,中国消费者仍然担心国产乳制品的质量以及在中国生产的外国乳制品品牌的质量。[4]

(二) 影响消费者信任的个人因素

多项研究发现,相关知识、收入和教育会影响消费者对乳制品的信任度。[5]

---

① Yin Shijiu, Chen Mo, Chen Yusheng, Xu Yingjun, Zou Zongsen and Wang Yiqin, "Consumer Trust in Organic Milk of Different Brands: The Role of Chinese Organic Label", *British Food Journal*, Vol.118, no.7(2016), pp.1769—1782.

② Wu Linhai, Yin Shijiu, Xu Yingjun and Zhu Dian, "Effectiveness of China's Organic Food Certification Policy: Consumer Preferences for Infant Milk Formula with Different Organic Certification Labels", *Canadian Journal of Agricultural Economics*, Vol.62, no.4(2014), pp.545—568.

③ 《中国统计年鉴2017》,国家统计局网站:http://www.stats.gov.cn/sj/ndsj/2017/indexch.htm。

④ Gao Hongzhi, Zhang Hongxia, Zhang Xuan and John G.Knight, "Spillover of Distrust from Domestic to Imported Brands in a Crisis-Sensitized Market", *Journal of International Marketing*, Vol.23, no.1(2015), pp.91—112.

⑤ Chen Yan, Ji Hua, Chen Lijun, Jiang Rong and Wu Yongning, "Food Safety Knowledge, Attitudes and Behavior among Dairy Plant Workers in Beijing, Northern China", *International Journal of Environmental Research and Public Health*, Vol.15, no.1(2018).pp.63—71; Qiao Guanghua, Guo Ting and Kurt Klein, "Melamine and Other Food Safety and Health Scares in China: Comparing Households with and without Young Children", *Food Control*, Vol.26, no.2(2012), pp.378—386; Wang Mingliang, Bai Li, Gong Shunlong and Louise Huang, "Determinants of Consumer Food Safety Self Protection Behavior—An Analysis Using Grounded Theory", *Food Control*, Vol. 113 (2020), pp.107—198.

消费者的相关知识会影响他们对乳制品供应链的信任。例如,在呼和浩特市,消费者对鲜乳制品和奶粉的信心在乳制品安全事件发生后迅速恢复。这可能是由于内蒙古拥有国内最大的两家乳业公司,当地消费者比其他地区的消费者对乳制品行业的了解程度更高。通常,消费者通过公共和社交媒体获取大部分信息。[1]另一项研究表明,与中国食品安全事件相比,消费者对国外食品安全事件的了解较少,这就是消费者偏爱国外奶制品,尤其是外国婴儿配方奶粉的原因之一。也有争论说,有时媒体会发表片面的报道,导致消费者不能完全了解事情的真相。不准确的消息可能会导致消费者对乳制品的安全性感到恐慌[2],从而破坏了国内乳制品行业在消费者中已经建立起的信任。消费者的安全性认知受他们对乳制品行业和乳制品了解程度影响的另一个例子是对有机牛奶的态度,消费者不了解有机牛奶的真正含义,但他们认为有机牛奶非常安全。一些无良商家因而利用这一认知伪造有机标签,将常规牛奶作为有机牛奶出售。研究强调,消费者不知道如何判断有机标签的有效性和有机牛奶的真实性,从而进一步导致人们对乳制品行业信任的下降。

低收入消费者对国产乳制品的信任程度更高,但这可能是由于他们的购买力较低。[3]因为低收入消费者更倾向于购买便宜的产品,所以他们更有可能购买价格相对低于进口产品的国产乳制品。[4]研究还表明,购买经历可以增加信任,也可以增加购买欲望。[5]尽管一些消费者信任国产乳制品,但如果有能力购买进口乳制品,他们更愿意购买进口乳制品,这是由于他们希望降低潜在的食品安

① Zhu Xinyi, Huang Yuelu and Louise Manning, "The Role of Media Reporting in Food Safety Governance in China: A Dairy Case Study", *Food Control*, Vol.96(2019), pp.165—179.

② Pearly Neo, "Cracking Down on China's Food Safety: Vice Premier Urges Lifetime Bans for Offenders", Accessed October 23, 2019, https://www.foodnavigator-asia.com/Article/ 2018/09/18/ Cracking-down-on-China-s-food-safety-Vice-Premier-urges-lifetime-bans-foroffenders#.

③ Li Saiwei, Siet J. Sijtsema, Marcel Kornelis, Liu Yumei and Li Sheng, "Consumer Confidence in the Safety of Milk and Infant Milk Formula in China", *Journal of Dairy Science*, Vol.102, no.10(2019), pp.8807—8818.

④ Dong Xiaoxia and Li Zhemin, "Food Safety Issues in China: A Case Study of the Dairy Sector", *Journal of the Science of Food and Agriculture*, Vol.96, no.1(2016), pp.346—352.

⑤ David L.Ortega, Wang Hong and Nicole J.O.Widmar, "Welfare and Market Impacts of Food Safety Measures in China: Results from Urban Consumers' Valuation of Product Attributes", *Journal of Integrative Agriculture*, Vol.13, no.6(2014), pp.1404—1411.

全风险。由于许多高收入消费者没有消费国产乳制品的经验,因此他们对中国乳制品行业的信任度相对较低。

在教育方面,没有受过较高教育的消费者更关心乳制品安全,因为他们认为自己缺乏相关知识。[1]相反,受过良好教育的消费者对乳制品有更高的要求和期望,会搜索信息并比较不同的产品后再做出购买决定。[2]

(三)影响消费者的信任的生产过程因素

尽管充足的信息可以有效减轻消费者的担忧,但中国乳业的信息不对称给重建信任方面造成了困难。包括标志、认证和可追溯性在内的过程因素因其能为消费者提供更多详细信息,而有助于建立对国产乳制品的信任。乳品加工公司曾在包装上使用特殊标志来表明其产品中不含有三聚氰胺,但是由于缺乏统一和官方的标志,消费者感到十分困惑,这降低了他们对国产乳制品的信任。[3]研究强调,在某些情况下,消费者的不信任完全是由于缺乏信息导致的。因此,标识制度应与品牌、价格或乳制品产地等因素相辅相成,共同作为保证乳制品安全性的信号。

可追溯性被认为是提高中国消费者对乳制品信任的重要因素。研究表明,消费者愿意花更多的价钱来获得对从原料奶生产到成品零售的整个供应链流程进行详细追溯的能力[4],并且他们更加相信由政府和行业协会开发的而非乳

---

① Zhou Yingheng and Wang Erpeng, "Urban Consumers' Attitudes Towards the Safety of Milk Powder after the Melamine Scandal in 2008 and the Factors Influencing the Attitudes", *China Agricultural Economic Review*, Vol.3, no.1(2011), pp.101—111; Liu Rongduo, Zuzanna Pieniak and Wim Verbeke, "Consumers' Attitudes and Behaviour Towards Safe Food in China: A Review", *Food Control*, Vol.33, no.1(2013) pp.93—104.

② Cheng Leilei, Yin Changbin and Chien Hsiaoping, "Demand for Milk Quantity and Safety in Urban China: Evidence from Beijing and Harbin", *Australian Journal of Agricultural and Resource Economics*, Vol.59, no.2(2015), pp.275—287.

③ Qiao Guanghua, Guo Ting and Kurt Klein, "Melamine in Chinese Milk Products and Consumer Confidence", *Appetite*, Vol.55, no.2(2010), pp.190—195.

④ Chen Tinggui, Song Min, Teruaki Nanseki, Shigeyoshi Takeuchi, Zhou Hui and Li Dongpo, "Consumer Willingness to Pay for Food Safety in Shanghai China: A Case Study of Gap-Certified Milk", *Journal of the Faculty of Agriculture Kyushu University*, Vol.58, no.2(2013), pp.467—473.

制品公司提供的可追溯系统①。由于现有可追溯系统的信息零散,仅显示有关乳制品和乳制品企业的基本信息以及有限的检测报告,因此消费者可能会依赖网络信息来满足其要求。②

认证是证明乳制品安全的一种热门方法,但其有效性却备受争议。相关事件使消费者怀疑认证的可靠性。他们会怀疑乳制品公司是否会与第三方检测机构之间存在潜在的串通行为,这些认证机构将不合格产品包装成有机产品以获取利益。③媒体还曾报道,一些已经合法获得有机认证的乳制品加工公司,却将真正的有机乳制品和普通乳制品混合在一起,或者用劣质乳制品假冒有机乳制品进行销售。④这些行动和相关的媒体报道直接影响了消费者对有机认证体系和乳制品行业的信任。研究发现,只有不到20%的消费者对中国有机乳制品表示高度信任。这可能是消费者更愿意购买获得美国或欧盟有机认证的有机婴儿奶粉的主要原因。⑤

五、重构乳制品供应链的食品安全治理

本章的理论贡献表现为食品安全治理和消费者信任两个方面。从食品安全治理的角度来看,本章将乳制品安全信任作为理解食品安全治理的新视角,探讨信任方与被信任方之间的联系,为改善食品安全治理提供了途径,并为如何使治理体系满足消费者对乳制品安全的期望提供了启示。从消费者信任的

---

① Bai Junfei, Zhang Caiping and Jiang Jing, "The Role of Certificate Issuer on Consumers' Willingness-to-Pay for Milk Traceability in China", *Agricultural Economics*, Vol.44, no.4—5(2013), pp.537—544.

② Liu Ruifeng, Gao Zhifeng, Rodolfo M. Nayga Jr., Heather A. Snell and Ma Hengyun, "Consumers' Valuation for Food Traceability in China: Does Trust Matter?" *Food Policy*, Vol.88 (2019), pp.701—768; Zhang Lei, Xu Yunan, Peter Oosterveer and Arthur P.J. Mol, "Consumer Trust in Different Food Provisioning Schemes: Evidence from Beijing", *Journal of Cleaner Production*, Vol.134(2016), pp.269—279.

③⑤ Wu Linhai, Yin Shijiu, Xu Yingjun and Zhu Dian, "Effectiveness of China's Organic Food Certification Policy: Consumer Preferences for Infant Milk Formula with Different Organic Certification Labels", *Canadian Journal of Agricultural Economics*, Vol.62, no.4(2014), pp.545—568.

④ 许雅:《"有机"奶粉国产品牌"突围"受质量差距影响》,载《消费日报》2013年1月6日,中国产业信息网:http://www.cinic.org.cn/site951/schj/2013-01-06/616944.shtml。

角度来看,中国乳制品系统信任重建需要在系统层面上付出努力。现有研究仅集中于个人、组织和组织间层面的信任恢复①,这就要求我们使用乳制品供应链作为框架来检查乳制品系统,这种全供应链的方法将政府、企业和消费者整合在一起,从而加深并扩展了在乳制品系统层面对消费者信任的理解。

中国的食品安全监管正从管制走向治理,这样的一个转型过程,突出强调信任、信息公开、全程参与、地位平等和责任共担等原则的重要性。②在三聚氰胺事件中,虽然政府的各部门和企业对供应链的若干环节进行了监管,但是,对奶站的监管漏洞使得奶农铤而走险,在牛奶中添加三聚氰胺。正是由于分散管理,使得针对奶源提供者、生产加工者、流通者和销售者的各环节监管信息不流通,从而酿成了恶果。从信息技术视角,提高信息透明度和信息可追溯性,建立供应链信息披露制度,有助于提高市场效率、改进社会福利。尽管不少研究都关注了食品安全治理模式的变革,但是研究者很少关注作为信任方的消费者在食品安全的市场制度、公共政策制定和执行中的作用。

在乳制品安全信任重建过程中,对信任方与被信任方的整合分析超越了单独以信任方为中心和以被信任方为中心的解释,这为提高中国的乳制品安全治理能力提供了重要启示。乳制品安全治理需要确定消费者的观点、需求和期望,而不是狭隘地关注于乳制品本身和乳制品供应链中的加工过程。尽管政府和企业在监管、透明度和标签化方面采取诸多措施来重塑乳制品行业的产品和过程,但这些纠正措施并不能确保消费者的信任和购买意愿得到改善。消费者的信任度分布不均,并且消费者对监管干预措施的信心也不相同。这一点很重要,这表明消费者对乳制品安全的看法和期望不受一般监管政策和公司行为的控制,政府和公司需要将稀缺的资源和时间用于针对特定情况的策略来缓解目标消费者的不信任程度。

---

① Reinhard Bachmann, Nicole Gillespie and Richard Priem, "Repairing Trust in Organizations and Institutions: Toward a Conceptual Framework", *Organization Studies*, Vol. 36, no. 9 (2015), pp.1123—1142; Nicole Gillespie, Graham Dietz and Steve Lockey, "Organizational Reintegration and Trust Repair after an Integrity Violation: A Case Study", *Business Ethics Quarterly*, Vol. 24, no. 3 (2014), pp.371—410.

② 齐萌:《从威权管制到合作治理:我国食品安全监管模式之转型》,载《河北法学》2013 年第 3 期。

除了了解消费者的观点和期望外,消费者参与乳制品安全信任的重建对于改善治理体系也至关重要。消费者的参与已经将食品安全治理中的基本假设从"消费者作为接受者"转变为"消费者作为共同创造者或建设者"。在现有的治理体系中,消费者被视为政府和公司对乳制品安全进行干预的受益者。政府和乳制品行业协会颁布了许多法规和规范以确保乳制品的安全性①,但是由于消费者对安全监测的参与度较低,因此对乳制品安全性的信任度较低。

后续研究可以以信任为切入点通过三种途径来对乳制品安全或广泛食品安全治理能力进行扩展。

第一,以信任方和被信任方为整体模式来了解更深层次的信任恢复机制和模型。本章的研究范围仅限于政府和行业的行为以及消费者的观点。将来,有望核查信任和被信任双方的能力和资源,然后探索重建乳制品安全信任的综合方式。

第二,未来的研究还可以比较中国和其他国家的食品安全信任修复机制。②食品安全风险在其他国家也不能避免,而食品安全信任的修复是转变和修订食品安全治理的特殊机会。③消费者信任因环境而异,因此,恢复信任或重建消费者的食品安全信任需要使消费者与更广泛的食品体系重新建立联系。不同文化背景下的消费者有不同的期望,因此比较不同国家食品安全信任重建的差异将是富有成果的。将消费者在相互联系的社会、文化和政治环境中的经验、期望和参与度进行全面比较,对于了解全球食品安全治理之间的差异和相似之处非常有帮助。

第三,未来的研究可以将乳制品安全中的信任建立、缺失、重建和保持引入到食品安全治理中。从不信任到信任,从信任缺失到信任修复的动态过程与食

---

① Zhong Zhen, Chen Shufen, Kong Xiangzhi and Megan Tracy, "Why Improving Agrifood Quality Is Difficult in China: Evidence from Dairy Industry", *China Economic Review*, Vol.31(2014), pp.74—83.

② Kang Yi, "Food Safety Governance in China: Change and Continuity", *Food Control*, Vol. 106(2019), pp.706—752.

③ Yang Ronghui, Klasien Horstman and Burt Penders, "Constructing the Accountability of Food Safety as a Public Problem in China: A Document Analysis of Chinese Scholarship, 2008—2018", *Journal of Chinese Governance*, Vol.12, no.2(2020).

品安全治理的不同模式和质量息息相关。信任缺失源于治理不善,那么良好的安全治理可能有助于信任的重新建立。通过对影响消费者观念的各种因素的全面把握,我们可以更真实地了解如何在交互中重建消费者信任。

在中国重建乳制品安全信任是一个至关重要但尚未得到充分研究的问题。现有研究缺乏对被信任者行为和信任者看法的联合分析。信任方与被信任方两者不能独立存在,因此我们应将政府的干预措施、企业行为和消费者观点结合起来,以了解在中国重建乳制品安全信任的情况。本章详尽阐述了政府和行业在 2008 年三聚氰胺事件后重建消费者信任的各种举动,以及影响消费者对中国乳制品安全看法的多种因素。我们发现政府修订了食品安全法,并加强了监督、执法和处罚力度,乳制品公司优化了产业结构,开发了专用牧场,并改善了检测标准和可追溯系统。尽管一些消费者仍偏爱外国乳制品,尤其是婴儿配方奶粉,但政府和行业协会的这些持续行动重新构建了乳制品安全保障系统,并向中国消费者提供了更加值得信赖的乳制品。

总之,乳制品安全信任与质量治理(产品和供应链的过程)和消费者的个人因素(知识、教育和收入)息息相关。没有一个单一的因素可以解释消费者对乳制品安全的信任。消费者信任不能通过法规和技术手段来操纵,必须通过消费者的经验和参与来赢得。后续研究需要深化重建乳制品安全信任的过程和机制,并建立整合的治理框架来引导消费者观点并吸引消费者。本研究是增进我们对重建乳制品安全信任的理解的第一步,但是还有更多工作要做。

六、小　结

本章以中国乳业为研究案例,重构乳制品安全信任对提升乳制品供应链治理的意义和方法。食品安全信任是乳制品供应链发展的重要基石,也是提高乳制品产业发展韧性的关键。[1]当前,我国农业和食品领域面临着各种食品安全风险,给农业供应链治理提出了新的要求。在农业供应链中,食品安全信任重建是一个参与性的治理过程,它包括:第一,产品安全维度,即产品的性质、特点、

---

[1]　顾雷雷、王鸿宇:《社会信任、融资约束与企业创新》,载《经济学家》2020 年第 11 期。

组成部分等;第二,主体维度,即政府、企业、消费者之间的不同角色与作用;第三,制度维度,即从源头到餐桌全供应链过程的食品安全责任制度建设。这三个维度共同勾勒出信任者与被信任者之间关联性和自主性实践的内在机理,从而有助于为创造性、整体性的供应链治理提供新的思路与框架。本章以重构食品安全信任为目标,以乳制品行业为例,通过对相关政府、企业文件与报告,以及中国乳制品安全中英文文献进行全面地分析与总结,构建中国的乳制品食品安全治理框架。未来,我国深化农业供应链的食品安全治理,需要强化政府的法律监管、企业的内部治理以及消费者的食品安全健康意识。消费者对食品安全信任的重建,给产业发展带来了机遇,既推动政府不断强化对食品行业和企业的监管,也加快企业对农业供应链进行治理方式和机制改革,并且不断深化消费者的参与,这种整体性、合作性的方式有助于重构乳制品供应链的食品安全治理。

第六章 数字化转型与农业供应链治理

一、引 言

　　农业数字化已成为全球农业供应链新的增长点,也为全球主要国家提升农业竞争力、拓展农产品国际市场提供了机遇。我国的农业数字化转型受到了多方面推动力量的影响。第一,国家和政府大力倡导数字经济,科技渗透不断深入,科技与产业融合,成为获取竞争优势的重要途径。第二,产业竞争加剧,助推产业发展转型。第三,农业经营主体和科技企业,将其作为一项新的业务不断推动数字科技的拓展。第四,疫情风险,推动了更多使用零接触、少中间过程的技术应用,加速了数字化、非接触的新型消费模式。总体来看,农业与数字经济的整合源于国家政策层面的制度支持、农业产业层面的价值驱动、新型农业经营主体与科技企业层面的发展推动以及消费者对美好生活向往的需求等多维度驱动因素。

　　数字科技应用于农业,即农业数字化转型,具有国家、地区、组织和个体等不同的层次,表现出复杂性的特点。农业数字化转型在不同国家展现出不同的特点和模式。发达国家呈现出全链条、整体性转型。数字技术为大规模农业提供了机会,如智慧农业应用程序、农业服务平台和农业管理信息系统等,这些数字技术在提供农业建议、市场信息和供应链服务方面表现突出。发展中国家表现为嵌入性、半程性的数字化转型,如数字平台嵌入消费端和销售端,通过数字化销售降低交易成本、减少信息不对称、打破地理边界的限制。农户对于数字红利的分享不是同质、等量的,由于资本禀赋不同,不同农户和不同区域之间呈现出数字技术采用的差异。农民创业呈现出以数字化营销为核心的新业态,如淘宝、抖音、快手等网络直播平台和社交电商等,都成为中国农民数字化营销的常用工具。①

虽然存在地域差异,但农业数字化转型具有一些共性特征。具体而言,数字经济具有高开放性、强渗透性和适应性,这就要求数字化转型与地区性农业系统相匹配。农业供应链作为一个国家、地区、群体科技水平、市场条件、制度情况的综合体现,为系统性理解不同国家和区域农业数字化转型提供了一个重要视角。第一,农业供应链涉及上游生产端、中游运输端、下游销售端等多个环节,整合不同的农业部门、知识生产形式、社会议题等②,为创新农业治理提供了重要的场景。第二,农业供应链涉及主要参与者和外部支持者(乡村精英、政府、企业)等不同群体,数字化转型加快了供应链参与者协同,也催生出各种复杂的关系,体现了数字技术、经济与社会之间的互动联系。第三,农业供应链与数字技术的融合,促成了强化系统性、多样性、公平性和互补性相融合的高质量农业数字化转型。

我国农业发展呈现出不均衡的特点,既有高度现代化的智慧农业,也有分散性、低技术性的传统小农生产,后者面临着严峻的数字鸿沟。面对不均衡的农业发展,农业数字化转型要构建一个多层次的农业数字化创新生态系统。③如何让农业数字化转型更好地推动社会公平正义④、建立多样化的农业系统等,都是亟待解决的问题。通过数字化转型促进农业系统的结构优化,推动科技、效率和创新为核心的产业革命,有助于重构农业农村发展体系。⑤因而,我国的农业数字化转型,依然需要创新理念、体制和机制,优化农业供应链治理,换言之,数字技术不仅要增加数字经济与农业融合带来的利润和效益(数字化红利),也要通过数字经济发展化解贫困、环境保护等社会问题。本章的研究问题是:如

---

　①　郭海、杨主恩:《从数字技术到数字创业:内涵、特征与内在联系》,载《外国经济与管理》2021年第9期。

　②　Sarah Rotz, Emily Duncan, Matthew Small, Janos Botschner, Rozita Dara, Ian Mosby and Evan D.G.Fraser, "The Politics of Digital Agricultural Technologies: A Preliminary Review", *Sociologia Ruralis*, Vol.59, no.2(2019), pp.203—229.

　③　易加斌、李霄、杨小平、焦晋鹏:《创新生态系统理论视角下的农业数字化转型:驱动因素、战略框架与实施路径》,载《农业经济问题》2021年第7期。

　④　刘丽、郭苏建:《大数据技术带来的社会公平困境及变革》,载《探索与争鸣》2020年第12期。

　⑤　Stefano Bresciani, Huarng Kun-Huang, Arvind Malhotra and Alberto Ferraris, "Digital Transformation as a Springboard for Product, Process and Business Model Innovation", *Journal of Business Research*, Vol.5(2021), pp.204—210;陈其齐、杜义飞、薛敏:《数字化转型及不确定环境下中国管理研究与实践的创新发展——第11届"中国·实践·管理"论坛评述》,载《管理学报》2021年第3期。

何实现数字技术与农业供应链的适应性整合?

本章以下部分,围绕上述研究问题,首先探索了数字经济与农业融合发展的双重属性——既推动了农业的数字化升级,也引发了数字霸权和数字化贫困等问题。然后,面对数字技术引发的农业发展的复杂情境,探索农业供应链数字化转型的双重路径,即数字技术赋能农业供应链和数字技术驱动数字社会向善运动,二者共同激发了数字化转型过程中的农业产业和贫困农村的经济社会活力。最后,提出了构建负责任的农业数字化创新系统的三条建议:(1)平衡数字化时代的知识能力建设,将数字化素养与地区性知识有效融合,为农业农村发展创造长效性的机会;(2)完善数字化平台治理和政府监管,构建数字经济发展的良好制度环境;(3)强化数字化基础设施建设,推动不同人群、不同阶段、不同层次的数字化参与过程,共享数字红利。

二、数字经济与农业融合发展的双重属性

数字技术被认为是将信息标准化并快速编码、存储、形式化和分发知识的信息和通信技术系统,包括设备、网络、服务和内容四个层次。数字技术对农业的发展具有放大、叠加和倍增作用,数字化转型在完善农业数字化设施、数字素养,释放数字红利,实现经济和社会目标,提高农产品价值的同时,也衍生一系列数字风险,形成了数字权力和数字贫困等多重面向。因此,数字经济与农业融合具有正向和负向的双重属性。

(一)正向属性

数字经济推动了农业的理念和模式创新,成为农业转型发展的新动能。数字技术减少农业生产过程的资源浪费、劳动力成本过高和过度库存等问题,这些优势强化了数字技术的合法性与正当性。将数字化信息变为农业生产的新要素,借助数字技术对农业生产条件、对象、流程开展信息化管理和服务,可以实现农业的精细化生产、智能管理、及时服务,并提高农业生产要素使用效率,降低农业生产成本,从而增加农业生产者收益。供应链的数字化转型,不仅要关注如何更好地收集、分析和理解分散的数据,推动产业升级、技术改进的措施,而且要

注重依托数据资源,实现多样化的产品供给和异质性消费者需求的匹配。具体而言,数字技术与农业融合的商业价值创造,主要通过以下四种方式实现。

第一,从要素驱动到数据驱动。数据技术渗透到农业产、供、销的各个环节,整合分散性的数据,有助于农业供应链各个环节创新,从而形成新的知识,形成新的商业模式。例如,社区电商整合了下游的消费者数据,"数据驱动"为核心的全新经济模式实现了以产定销,进而推动"人-货-场"的转变。不同于追求规模化生产的传统要素驱动模式,数字驱动的创新思维方式重塑了农业的经营模式和盈利点。同时,数字化转型还充分展示了柔性的生产能力与抗冲击能力。在充满风险和不确定性的市场,数字化有助于推动高效的信息分享,提升用户对市场需求的快速响应,提高市场的满意度,进而提升产业应对市场风险、把握市场机会的能力。此外,数字技术改变信息沟通(或信息传播)的方式,重塑业务的组织方式。[①]数字化技术连接了供应方与需求方,使信息互动对接,并整合了中间环节和资源配置方式,从而推动经济社会发展方式变革。

第二,从产品导向到用户体验。数字化实现了农产品销售的线上下单、智能化推荐,提高了用户使用的便捷性和满意度。在数字技术的加持下,农产品这种难以标准化的商品,通过基于用户反馈数据的选品、包装等流程,进一步实现标准化,保障了用户体验的一致性,进而实现规模化销售和消费者体验的双重保障。

第三,从产业关联到平台生态。农业企业之间的关系,不仅仅是依托产品加工和需求供给的关联,而且还通过"人-货-场"这三个层面的耦合,形成业务的相互补充和资源的共享,从而提高效益。例如,在数字化平台驱动的农业供应链中,农户不仅是生产者,而且可以将其所有的仓储、人力资源嵌入分拣、打包、贴标签等数字化支持过程,实现资源的多元化使用。

第四,从合作竞争到互利共生。不同的农产品之间形成基于成本、效率的竞争关系,数字化转型推动知识创新和知识创造,使得信息创造带来价值创造,形成绿色化、标准化生产的相关标准和规范,知识共享、产品与服务协同推动了供应链不同主体的互利共生。同时,如遥感、机器人等数字技术推动了农业发展从劳动密集向技术密集转变,支撑农村电商、智慧农业、特色旅游等深化拓

---

① 沈玉良、彭羽、高疆、陈历幸:《数字贸易发展新动力:RTA 数字贸易规则方兴未艾——全球数字贸易促进指数分析报告(2020)》,载《世界经济研究》2021 年第 1 期。

展,加快不同产业的融合发展。

（二）负向属性

在数字经济创新发展中,技术道德问题存在于经济活动的生产、交换、分配和消费这四个环节,引发了各环节新的内在矛盾并使之积聚,导致社会公共领域和私人领域诸多风险和不确定性,包括技术伦理性风险、数据隐私安全性风险、网络犯罪风险以及贫富差距问题。而数据的流动性、算法技术的隐匿性、网络结构的多元性和复杂性、网络风险的脱域性等数字技术的固有属性也引发了数字风险。例如,数据作为新的生产要素,帮助相关技术公司掌握农产品上市的时间、产量、品质等关键性因素,开展数字金融并提前进行市场销售,甚至可以与上游的农资企业对接,进行农药、化肥、种子、农业机械的储备和服务,①但也因此导致了市场垄断和技术霸权。

数字经济改变了传统生产关系,新的经济发展模式引致数字化贫困与地区发展不平等的叠加,具体而言,移动互联网、大数据、云计算等技术的不断革新极大地加深了资本扩张的广度和深度,网络参与人数飞速增加,但同时带来了数字鸿沟与发展断层。例如数字技术带来了失业风险,机器人在从耕作、除草、施肥到收割等各个现代农业生产环节都已经呈现替代人工劳动的迹象,这或许将引发新一轮产业结构和职业结构调整。

数字平台的数据安全成为供应链治理的重要方面。处理数据的所有权和控制、科技和数据发展、数据安全等问题,是农业数字化转型的重要部分。在这方面,美国农业部门大力确保农民的数据安全,推出了有力的数据保护措施,通过调整用户同意条款,控制针对农民的数据滥用。在加拿大,隐私部门与食品部门合作,加强对开源科技和数据共享基础设施的投入,保障农民能够更好地获取数字科技,并且有能力使用这些数字科技。这些将影响农业企业、贸易协定和产业联盟的治理。

面对数字技术与农业融合的负向属性,需强化技术道德问题治理,推动各主体、各部门、各地区乃至各国之间的协同联动,以多方合力来提升治理效能,使数字技术超越资本逻辑,展现其道德承诺,成为一种有助于改革、完善反贫困

---

① 钟真、刘育权:《数据生产要素何以赋能农业现代化》,载《教学与研究》2021 年第 12 期。

计划的变革力量。农业数字化转型不仅仅是一个技术过程,而且需要与经济、社会、环境、文化和政治等因素结合。对于以小农户为主、发展不平衡的我国农业而言,有效地利用数字化技术赋能小农户的农业数字化转型,减少数字化贫困意义重大,这就要求数字技术与农业的融合不仅要创造商业价值,也要发挥公共价值,改善农民生产、生活中因数字素养不足而导致的相对贫困。

三、农业供应链数字化转型路径

数字技术与农业的融合是一柄双刃剑,既有正向属性,也存在负向属性。在我国,"互联网+农业"推动了数字化转型背景下的综合性农业发展实践。数字技术作为一种新的生产要素,嵌入农业系统中,不仅要实现更高的效益,也要致力于创造更加有效和公平的食品系统,进而实现可持续发展的目标。一方面,它促进农业现代化,加快农业生产革新、品牌建设,推动了农业数字化新业态和新模式的快速兴起。另一方面,它运用数字技术解决传统农业农村发展的难题,化解乡村贫困。农业供应链的数字化转型意味着数字技术赋能农业供应链升级与数字技术驱动减贫发展的有机结合(表6.1)。

表6.1　数字技术与农业供应链融合的双重路径

	数字技术赋能	数字技术向善
价值导向	商业价值	公共价值
表现形式	农业数字化和数字产业化	应对数字资本带来的数字霸权、化解数字化贫困
发展意义	(1)数字技术改变和升级农产品生产、销售和消费的过程,不断强化农业数字化的趋势;(2)数字化知识、基础设施、营销方式加速了数字产业化发展	(1)不断强化负责任的数字变革和可持续性消费的社会氛围,推动数字化的社会运动;(2)数字技术的公益性发展模式,构建起更广阔的社会联系,拓展了贫困地区和边缘群体的生存发展空间
供应链效果	数字技术嵌入生产、加工、销售等过程,促进供应链数字化转型,以及加快数字化服务的分工与创业,拓展农业供应链的增值空间	构建数字化扶贫供应链,提升数字贫困群体的数字素养和发展能力

资料来源:作者自制。

（一）数字技术赋能农业供应链

数字经济的发展依托互联网、大数据、人工智能技术的广泛应用,也同传统经济的逐步数字化、网络化、智能化发展分不开。数字经济表现为数字产业化和产业数字化,即数字的生产和应用与产业整合。前者是指互联网数据中心建设与服务等数字产业链和产业集群的不断发展壮大,衍生了一个以数据采集、处理、分析为业务的数字价值链,提供专业数据服务。数字产业化带来了数据货币化,换言之,数据成为一种影响整个经济环境和经济活动的要素。[①]后者是用数字技术改造和提升农业及工业、服务业等传统产业,是数字技术在经济领域的应用,即数字化的技术、商品与服务向传统产业进行多方向、多层面与多链条的加速渗透。数字技术嵌入农业体系本身的内循环体系,形成产业和贸易数字化。

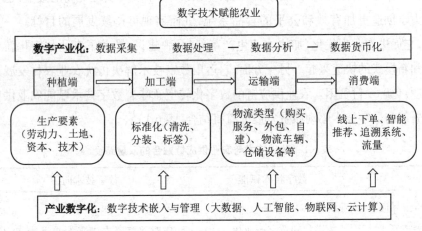

资源来源:作者自制。

图6.1 数字技术赋能农业的路径

1. 农业供应链数字化

农业数字化转型[②]是数字技术嵌入从生产、加工、运输、贸易到销售的整个

---

① Sjoukje A.Osinga, Dilli Paudel, Spiros A.Mouzakitis and Ioannis N.Athanasiadis, "Big Data in Agriculture: Between Opportunity and Solution", *Agricultural Systems*, Vol.195(2022).

② 刘元胜:《农业数字化转型的效能分析及应对策略》,载《经济纵横》2020年第7期;殷浩栋、霍鹏、汪三贵:《农业农村数字化转型:现实表征、影响机理与推进策略》,载《改革》2020年第12期;李敏:《农业数字化转型发展研究》,载《信息通信技术与政策》2020年第11期;Louisa Prause, Sarah Hackfort and Margit Lindgren, "Digitalisation and the Third Food Regime", *Agriculture and Human Values*, Vol.8 (2020), pp.11—15.

农业供应链,革新农业发展形态。数字科技运用于农产品系统带来了农业的数字化运营模式。在生产端,农业数字化表现为运用信息技术推动智慧农业、数字化技术控制等,提升农业的智能化水平。数字农业依托对天气的预测、土壤的感应,帮助农民更加精准地投入相关资源,实现环境智能化。某种程度上,数字化可以提高产量,并且减少环境和气候的消极影响。同时,通过使用机器人等自动化设备,最大程度地节约人力成本。在运输端,数字化供应链可以通过跟踪和记录包括收获的时间、产地和包装等在内的信息,提高运输效率。在消费端,数字化平台的迅猛发展,为包括农业副食企业、农产品贸易批发商、个体农民企业和微商代理在内的多元参与主体提供机会,推动了国内农产品贸易和跨境农产品贸易的数字化转型。

数字化技术作为一种新型的要素,推动了农产品贸易规则的重新洗牌。数字化平台借助对社会关系和互动的操纵获得规制性权力,重塑了商业发展的逻辑和内在形式,形成了数字化规则和市场治理。数字化平台制定的平台规则,形成了"不服从就孤立"的数字规则。平台成员对规则的服从,来自流量带来的社会规范压力和潜在的社会排斥威胁。流量是社会关系与社会互动的数字化形态,而流量需要借助数字化平台来实现。所谓流量,即一定时间内店铺产品的访问量,通过访客数、访问次数、展现数等数据指标体现,是产生销量的前提。数字企业和数字平台通过资本和流量控制市场价格,进而拥有洗牌整个行业的巨大能量。采取网络交易形态的电商,其交易条件、定价策略、营销手段等受制于平台规则,流量成为其重要的稀缺资源。

网络平台有商品买卖活动,也有支持利润产生的其他活动,如产品生产、销售支持、用户服务、业务协调等。平台运用故事情境、游戏、互动、预售等方式加强营销,激发消费者的情感、责任意识、品牌认可度等,进而加速流量的获得、维持、增加和转化,为农业品牌价值创造和品牌成长提供了巨大的空间。电商平台在供应链网络中具有主导地位,开放、包容的赋能平台深耕产业链,为农户、商家等输送金融、数据、物流、营销等资源;电商平台联合产业链利益相关者,有助于打造可持续的农产品品牌价值创造模式。

农业市场规模的扩大、互联网订单的骤增,给数字化农业发展带来巨大商机和利润空间。农村电商发展为农产品的销售提供了新的思路和平台,是传统线下销售渠道的有力补充。原产地农产品直销、生鲜农产品电子商务等推动了数字化农业供应链的发展,也加快了线上线下一体化发展。电商资本嵌入乡村①,是一个系统性的过程。农业数字化同时导致了诸如银行、物流、软件、担保、电信等多元化支持性行业机构的集聚。②它们交织为庞大的新产业环境,推动资源整合,以更好地满足网络客户的需求。例如,快递物流园,因其集中配备了仓库、中转站运输车辆而有助于加快物流、仓储和运营,为政府所青睐,往往能获得土地出让、租金和税收方面的优惠待遇。

2. 数字产业化

数字经济也称智能经济、信息经济或互联网经济,是人类通过数据(数字化的知识与信息)的识别、选择、过滤、存储、使用等方式,来引导和实现资源的快速优化配置与再生,实现产业升级和超越性发展的经济新形态。数字经济是一个信息和商务活动都数字化的全新的经济系统,包括三个重要的构成部分:(1)底层的技术创新和数字基础设施,如半导体和传感器等基础性创新、计算机和通信设备等核心技术、互联网和通信网络等赋能型基础设施;(2)产品层面的数字产品和服务,如数字平台、移动设备、支付服务等;(3)行业层面的数字化行业和部门,如依托于数字技术衍生的金融、传媒、零售等行业。

数字产业化在不同国家的发展具有差异性,发达国家是数字产业化的主要力量,而发展中国家和欠发达国家发展滞后,甚至尚未起步。特别是发展中国家的农村地区,相对落后的网络设施与服务水平、相对较慢的产业数字化进程、相对滞后的数字技能培育体系,限制了数字技术向农业农村渗透的广度与深度。③例如,美国农业正逐步实现空天地的数据结合、人机互联和农业装备的智能化。美国和很多发达国家的收割机普遍装上了产量监测传感器,实现了在收割时监测产量,但我国的收割机产量监测技术还处于萌芽阶段,仅用于满足农

---

① 周浪:《另一种"资本下乡"——电商资本嵌入乡村社会的过程与机制》,载《中国农村经济》2020 年第 12 期。

② 胡岗岚、卢向华、黄丽华:《电子商务生态系统及其演化路径》,载《经济管理》2009 年第 6 期。

③ Sarah Rotz, Emily Duncan, Matthew Small, Janos Botschner, Rozita Dara, Ian Mosby and Evan D.G. Fraser, "The Politics of Digital Agricultural Technologies: A Preliminary Review", *Sociologia Ruralis*, Vol.59, no.2(2019), pp.203—229.

机补贴的监控管理。在用于数据分析的数字科技方面,人工智能和机器学习有助于改进农业生产和种植方式(如利用人工智能来喷洒除草剂),尽管它们还没有取代传统的农资(化肥、农药)和农业机械。掌握数字技术的科技公司,推动数据信息的一体化运作,从繁杂的数据资源库中提取最有价值的数据应用到各个服务环节中。科技公司通过数据的采集、加工和分析,提高企业的资源整合能力,重塑产业发展格局和发展方向。这就是数字资本主义①对农业系统经济结构的重构作用。在数字农业中,对于数据的私有化和数据攫取还缺少相关的法律规制。美国先正达(Syngenta)科技公司的首席信息和数字官员指出,科技公司并非依靠卖给农民的数据软件盈利,而是通过利用农场管理平台获取的相关信息,为使用该平台的农民提供关于农药、种子、农产品销售等方面的信息服务来获取利润。②资本越来越多地借助大数据技术控制农业系统——一方面帮助农民提高产量,另一方面又使得农民更加依赖数字产品——以便借此索取价值或者获得政治影响力。同时,数字科技公司可能会通过对工作场所的监控、对工作的测量,推动数字化"泰勒主义"劳动模式的形成。因而,数字农业带来了数字安全和数字主权、农民能动性方面的问题。③

　　在我国,数字产业化更多地服务于销售端,让大量小而散的平台卖家获得价格低廉的数字服务。由于平台经济具有开放性,流量资源分散在诸多不同类型的网络店铺中,任何一个店铺都难以实现对流量资源的垄断。在这种情形下,发展数字服务产业集群有助于整合多样化的产品和服务、供货基地和批发市场。随着我国数字经济与农业的结合不断加深,网络运营服务商越来越深地嵌入地区,提高了其在地方化市场中的曝光度、关注度和影响力。数字服务企业为线上卖家提供技术性要素,如数据分析、活动研判、图片处理、文案写作、售后服务等,提高线上店铺的运营效果,加速了供应链数字化转型过程的劳动分

---

　　① 　孟飞、程榕:《如何理解数字劳动、数字剥削、数字资本?——当代数字资本主义的马克思主义政治经济学批判》,载《教学与研究》2021年第1期。

　　② 　Sarah Rotz, Emily Duncan, Matthew Small, Janos Botschner, Rozita Dara, Ian Mosby and Evan D.G. Fraser, "The Politics of Digital Agricultural Technologies: A Preliminary Review", *Sociologia Ruralis*, Vol.59, no.2(2019), pp.203—229.

　　③ 　高海波:《数字帝国主义的政治经济学批判——基于数字资本全球积累结构的视角》,载《经济学家》2021年第1期。

工,并且与物流、仓储等进行融合,构建农业电子商务产业集群。

(二) 数字技术向善驱动数字社会运动

如前所述,农业的数字化变革不仅推动数字技术嵌入供应链各个环节,也使得数字服务供应商和数字集群成为农业供应链的价值增值环节,使得数字化农业供应链成为一个复杂的网络。但是,农业数字化转型过程的负面影响也广受批评,例如,企业强化对食品生产、农民生计、科技和零售端的控制,导致了难以适应数字化运营的生产者与店铺被边缘化。那些不符合平台要求的商家,就无法进入数字平台,只能自行寻找销售市场。批评者还指出,依托数据优势所形成的新形式控制、价值挖掘和资源攫取,大型科技公司得以通过价格策略抢占食品行业的市场份额,一旦成功,意味着它们能获得对农产品市场的控制。[1]农业数字化过程中的精英攫取成为普遍现象。在北美洲和欧洲,农业的债务在不断提高,而利润却并未增加,这是因为食品和农业系统被大型农业企业所占领,而数字科技的发展主要是为资本雄厚的、规模庞大的农业企业服务。因此,农业数字化应该有序发展,不能因过度发展而挤压地方性知识和非数字农业的生计空间。换言之,数字化农业的发展,也需要维护非数字化农业的生存空间。

为了保障贫困群体在农业数字化转型过程中的生存空间,丰富贫困地区的农业发展路径,应当借助数字化社会运动构筑新的扶贫网络。目前,贫困地区农产品的产销对接,主要采用了电商直播等企业和社会组织协助销售等模式,实现数字化时代的消费扶贫行动或数字化扶贫营销的条件已然具备。实施数字化扶贫的社会运动,有助于增加贫困群体的经济资本、社会资本和信息资本[2],从而减少数字贫困[3],为农村经济建设和农民生活水平提高提供新的机

---

[1]　Michael Carolan, *The Real Cost of Cheap Food*, 2nd Edition, London, 2018. DOI：https://doi.org/10.4324/9781315113234.

[2]　刘济群:《基于核心资本概念的农民数字化脱贫阶段模型分析》,载《现代情报》2015年第1期。

[3]　闫慧、洪萍蟑:《社会资本对少数民族地区农村居民数字化脱贫的影响——湘西土家族苗族自治州里耶镇的田野研究报告》,载《情报资料工作》2014年第3期;王明、闫慧:《农村居民跨越偶现式数字鸿沟过程中社会资本的价值——天津静海田野调查报告》,载《中国图书馆学报》2013年第5期。

遇,助力传统经济发展方式升级[1],给农村地区增权赋能[2]。

电商直播平台作为一种新的营销形式,因其广阔的覆盖场景与精准扶贫潜力而被广泛利用。例如,淘宝爱心助农平台将大量分散的生产者和消费者连接起来,通过故事、情境、情怀的营销模式和物流体系,推动了农产品在两端之间的快速流通。又如,依靠移动互联网和手机智能设备,三农短视频获得迅猛发展,成为农户发展农产品电子商务的重要契机。当前,各大主播与中央电视台、地方政府合作,将地域特色的农产品带入直播间,依靠直播平台、物流供应链网络,使得农副产品走向全国各地。直播带货与扶贫联系起来,源于新冠肺炎疫情导致农产品滞销时,政府官员依托社交网络、移动支付、电子商务等信息技术助力农产品销售,拓宽贫困农村的就业渠道,助推复工复产。政府官员直播带货的数字助农活动,不仅宣传了农业商品和品牌,也利用平台内嵌的变现渠道,实现商品售卖或品牌传播。

作为消费扶贫的直播带货,既卖出了扶贫地区的产品,又拓宽了贫困群众增收的渠道,同时也让城里人知道并且享受优质、低价的农特产品。直播带货将线下营销手段搬到线上,打破了地域限制,为疫情时期的农村经济发展增添了活力。农业生产销售的数字化网络化智能化,以电商直播为契机,把网络直播、特色农产品、生产基地、电商企业等整个产业链条有机结合起来[3],推动当地优势特色农产品产量和质量双提升。

"5G 网络+直播"这一零售电商发展的创新策略,为零售电商直播业发展注入新活力。直播带货提升了消费者、主播及商家的互动性,通过试用、试吃、试穿商品,直观生动地为消费者展示商品价值。[4]特别是政府官员走进直播间以最接地气的亲民形象为当地扶贫农特产品代言,充分调动了生产者、消费者的积

①　汪旭晖、张其林:《电子商务破解生鲜农产品流通困局的内在机理——基于天猫生鲜与沱沱工社的双案例比较研究》,载《中国软科学》2016 年第 2 期。

②　周浪:《另一种"资本下乡"——电商资本嵌入乡村社会的过程与机制》,载《中国农村经济》2020 年第 12 期。

③　邓喆:《政府官员直播"带货":政务直播+助农的创新发展、风险挑战与长效机制》,载《中国行政管理》2020 年 10 期。

④　陈永平:《农产品直播带货功能优化与发展策略研究——兼析农产品消费质量需求》,载《价格理论与实践》2020 年 9 期。

极性,形成了新型农业产销模式,让农产品获得了"出村进城"的新契机。更重要的是,数字化时代地区竞争加剧,地方政府作为推动要素创新的重要主体,参与数字经济的新发展模式有助于解决一般网络平台的产品质量差、定价不合理等问题。数字化平台的助农活动,迫切需要与农业供应链的发展和治理联系起来,提升消费体验,而非"消费"爱心,这样才能获得可持续的发展动力和支持。

1986 年开始大规模、有组织的扶贫开发以来,一系列的顶层设计和政策创新的成果①,帮助贫困人口通过发展农业生产提高收入、摆脱贫困,是全球反贫困的重要组成部分。在区域性软硬件设施发展差异导致的农村电商发展不平衡,东部发展快于中西部的情况下,电商平台作为新型数字化基础设施,有效缓解了贫困地区基础设施建设不足的困境,保证农村电商的致富效应得以充分发挥。

将数字平台作为扶贫治理的工具,促使利润导向的数字平台发挥社会福利功能,需要具有公共责任的事业单位、政府部门与落后地区的企业、农户对接,形成一种基于政治使命、道义责任和能力提升的农业供应链发展模式。数字化社会运动不仅是一种社会资本和政治资本的融合,更是依托技术赋能农村发展,形成"数字技术+巢状市场网络"的新型发展模式。②在网络上使用应用程序的消费者,不仅消费农产品,更可以通过由大数据技术汇集的多样化需求和期待来引导地区调整和优化生产,推动可持续性的消费。该农产品供应链具有公益性,也具有提高和整合区域的生产、加工、包装、物流、市场营销等多方面的能力。

四、数字化转型的农业供应链治理策略

数字技术通过不同的方式嵌入农业供应链中,上文分析了数字技术赋能和数字技术向善驱动的农业供应链实践活动。这些数字化转型过程中的不同农

---

① 刘红岩:《中国产业扶贫的减贫逻辑和实践路径》,载《清华大学学报》(哲学社会科学版)2021 年第 1 期。

② 叶敬忠、贺聪志:《基于小农户生产的扶贫实践与理论探索——以"巢状市场小农扶贫试验"为例》,载《中国社会科学》2019 年第 2 期;贺聪志、叶敬忠:《小农户生产的现代性消费遭遇——基于"巢状市场小农扶贫试验"的观察与思考》,载《开放时代》2020 年第 6 期。

业供应链实践,体现了不同群体的数字化能力差异性,也体现了数字技术在群体和空间分布方面的差异性。如上所述,农业数字化转型是一个复杂、多元的过程,数字技术是农业发展的新动能,而农业供应链也需要不断提高自身的生产和创新能力,唯有如此,才能有效利用数字技术红利和发展机遇。在数字化转型的背景下,构建负责任的数字创新系统,推动农业供应链的数字变革①,需要做好三个方面的工作:第一,平衡多元化的数据知识,强化数字能力建设;第二,推动公益性和竞争性数字平台的共同发展,完善数字平台治理;第三,强化数字化基础设施建设,夯实农业的发展能力。

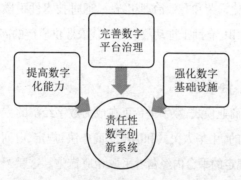

图 6.2　农业数字化转型中的责任性治理

(一) 提高数字化知识能力建设

数字化时代,知识能力建设是提升供应链治理效果和提高治理效率的基础。②农业供应链的转型,需要强化技术性知识和地方性知识两个方面。强化技术性知识方面,应培养弱势群体数字化理念和数字化工具利用能力,带动数字化产业的发展,利用数字化平台对接农业资源,开拓农村信息服务业务等,从而带动产业从业人员的系统性数字化脱贫。各国都在积极治理数字化贫困。③农

---

① Marion Werner, " Placing the State in the Contemporary Food Regime: Uneven Regulatory Development in the Dominican Republic", *Journal of Peasant Studies*, Vol.48, no.1 (2021), pp.137—158.

② 丰佳栋:《知识动态能力视角的电商平台大数据分析价值链战略》,载《中国流通经济》2021 年第 2 期。

③ 赵安琪、付少雄:《欧盟数字化贫困治理战略、实践及启示》,载《图书与情报》2019 年第 2 期。

业的数字化转型,需要企业、个体能够创造、获取、利用和分享数字信息,化解数字化发展过程差异性所导致的技术知识贫乏、社会分化及社会不平等;[1]需要因地制宜地开展数字教育、鼓励创业、拓展市场渠道等,避免形成对数字知识贫乏群体的制度性排斥[2]。

除了技术知识,也要不断拓展地方性的文化知识。数字化转型使得千人千面成为可能,而地方性知识是凸显差异性和获得竞争优势的关键。地方性知识有助于优化数字化农业的生产能力和创新能力。[3]但是,地方性知识是一种公共产品,需要不同的群体共同创造,也面临着搭便车的风险。在乡村振兴的背景下,产业兴旺需要与文化繁荣和有效治理相统一,通过技术性手段更好地宣传地方性人文、环境和历史知识,有助于推动数字化时代农业供应链的高质量发展。

(二) 完善数字平台治理

作为一种新的商业模式,数字平台正在成为数字经济的主要参与者和重要推动力。2018 年颁布的《中华人民共和国电子商务法》规定,电商平台可基于自身制定的规则,对违反规定的平台内经营者采取相应措施。这赋予了电商平台较大的权利,包括制定、修改、解释规则以及依据规则进行监管。具体而言,这种权利包括三个方面:第一,电商平台有权制定富有约束力的平台规则、规范和标准,包括准入规则、营销规则、交易规则和处罚规则等。第二,电商平台有权对用户进行内部管理。以电商平台制定的违规处罚措施为例,包括扣分、信息删除、公示警告、商品搜索降权、店铺屏蔽等措施。第三,电商平台对用户之间的纠纷有权进行裁决处理,即"准司法权",此外还包括网上争议预防机制、争议解决机制和执行机制等。

但是,数字平台存在权利滥用、通过大数据来识别消费者,进而操控价格(大数据"杀熟")等缺陷。[4]此外,数字平台(如社区电商)还可能利用资金优势,

---

[1] Janet Dzator, Alex O. Acheampong, Isaac Appiah-Otoo and Michael Dzator, "Leveraging Digital Technology for Development: Does ICT Contribute to Poverty Reduction?" *Telecommunications Policy*, Vol.47, no.4(2023).

[2] 闫慧:《农民数字化贫困的结构性成因分析》,载《中国图书馆学报》2017 年第 2 期。

[3] Marcia Mkansi, "E-business Adoption Costs and Strategies for Retail Micro Businesses", *Electronic Commerce Research*, Vol.22, no.1(2021), pp.1153—1193.

[4] 陈沁瑶:《大数据"杀熟"的法律规制研究》,载《安徽行政学院学报》2021 年第 1 期。

大量开展价格补贴,进而垄断流量入口,导致市场无序竞争,这一切都引发了诸多的社会争议。因此,政府开始考虑如何制定数字经济时代的反垄断法律,推动数字经济更加平等、开放、包容式的发展。国家市场监管总局 2021 年 3 月对橙心优选、多多买菜、美团优选、十荟团、食享会等 5 家社区团购企业涉嫌不正当价格行为立案调查,其中 4 家因为低成本倾销、利用虚假或者使人误解的价格手段,诱骗消费者进行交易,扰乱了正常的市场经营秩序,受到了 150 万元的行政处罚,1 家受到了 50 万元的行政处罚。①某种程度上,社会舆论的压力以及政府的干预,迫使高科技巨头从社区团购的流量争夺战中离场,社区团购回归理性化和秩序化发展道路。数字化背景下的商业伦理建设,不仅需要科技公司探索前沿性、创新性的科技领域,将科技手段转变为"企业利润",也需要企业主动维护健康、公平的商业环境,创造长久的"社会福利",成为一个具有社会责任感、为社会发展赋能的数字化企业。可见,网络平台发展的过程,需要承担社会责任、践行社会使命,回应国家和社会的需求与期待。推动农业数字化,需要打破对小农户和中小企业的市场排斥,帮助它们找到生存的空间,优化利益分配格局,助推不同参与者之间的合作,而非恶性竞争。国家对数字化平台的规制不断完善,有助于构建开放、合作、共享和多元化的市场机制。

(三) 强化数字化基础设施

联合国《2030 年可持续发展议程》将消除包括数字化贫困在内的贫困作为可持续发展的首要任务,数字化贫困是信息与通信技术作用于社会主体而产生的新贫困形式。在全球数字化进程中,不同国家、地区、行业、企业以及群体间,由于信息、通信技术、资本及创新能力等方面的差别衍生出严重的数字化贫富差距。由于数字资源分布不均或数字素养匮乏,数字化贫困者无法充分获取和利用数字化资源,其信息需求也无法得到满足。随着经济全球化的发展,电子商务正在步入加速发展阶段并不断渗透到农村。在此背景下,需要从产品培育、主体改造、服务改善、利益联结等多个方面入手,推进电商扶贫产业在产品、

---

① 《市场监管总局对橙心优选、多多买菜、美团优选、十荟团、食享会等五家社区团购企业不正当仿码行为作出行政处罚》,河北省市场监督管理局网站:http://scjg.hebei.gov.cn/info/62083。

技术、管理、交易等多个方面的完善。①

数字技术正在越来越普遍地应用于从农场到餐桌的整个农业供应链中。在田间地头，数字技术可以监测农业生产情况，以提高过程的透明度；也可以进行智能灌溉，节能节水。在销售端，消费者可以通过网络平台等购买自己所需要的食品，然后由相关的快递服务送达，享受电子商务带来的便利。数字化基础设施建设，是推动农村数字化转型的引擎，也是数字农村建设的基础。数字化基础设施包括5G网络、快递点、物流点，其中快递公司扩大对农村地区的覆盖范围，有助于为广大农民提供便利的运输渠道。数字基础设施也拓宽了电子商务渠道，相关人员可借助第三方平台或者其他外在的力量，扩大农产品的销售。建设农产品标准化体系，有助于完善从业人员的行为底线和标准。此外，政府还可联合行业协会、电子商务企业、快递企业共同制定适应电子商务的农产品的产品质量、产品包装、分等分级方面的规范。

五、小　结

数字全球化时代，农业供应链成为数字化应用的重要场域。不同于企业数字化转型的组织化特征，农业供应链数字化转型具有杂糅的特质，受到市场（消费者）、政策、技术等不同因素影响。农业不同于工业，同时受到自然环境、传统文化、社会因素的影响，农业供应链嵌入社会和生态系统之中，具有高度的复杂性。农业系统的纷繁复杂，为其数字化转型提出了重要挑战。当前，我国农业数字化转型远远落后于其他行业，这就更需要我们深入探索农业供应链数字化转型的动态演化及其内在逻辑，把握农业数字化转型的机遇。

农业供应链的数字化转型形成了数字技术赋能农业供应链和数字技术向善驱动数字化社会运动的双重路径。它们分别体现了依靠市场发展来引导和带动产业效率的提升与升级，以及依靠政府、法律和消费者来规制和参与产业创新，以化解农业数字化发展过程中潜在的机会不平等。农业供应链与数字技

---

① 王胜、屈阳、王琳、余娜、何佳晓：《集中连片贫困山区电商扶贫的探索及启示——以重庆秦巴山区、武陵山区国家级贫困区县为例》，载《管理世界》2021年第2期。

术的互动过程,是农业数字技术革新的过程,也是反思技术创新和技术资本引发数字贫困的过程,将推动数字技术发挥农业升级的商业价值和化解数字风险、推动扶贫创新的公共价值。

数字技术赋能与数字技术向善是农业供应链数字化转型的双重逻辑,体现了我国数字经济治理的特点。数字技术赋能加快农业数字化和数字产业化,表现在以下两个方面:(1)数字科技改变和升级农产品生产、销售和消费的过程,不断强化农业数字化的趋势;(2)数字化知识、基础设施、营销方式加速了数字产业化发展。数字技术向善应对数字资本带来的数字霸权、数字化贫困等问题,数字企业通过不断强化负责任的数字变革和可持续性消费的社会氛围,拓展了贫困地区和边缘群体的生存发展空间。数字化技术的公益性发展模式,构建起更广阔的社会联系,推动了数字化的社会运动。二者共同展现了我国农业数字化转型交错性、立体性的实践过程,即推动数字技术在农业供应链领域的商业价值和公共价值,形成农业转型过程的数字化再生产共同体。

农业供应链的数字化转型是利用数字技术进行全方位、多角度、全链条的改造过程,要不断强化负责任的数字化创新体系,从知识能力、平台治理和数字基础设施建设三个方面,完善数字技术融入农业供应链发展的系统性过程。第一,全面的知识管理融入到数字化的农业实践中,实现技术性知识(数字化知识、素养和技能)和地方性知识的有效匹配。数字化时代也是知识时代,农业数字化转型需要数字化知识、素养和技能与地方性知识的融合。第二,数字平台的规则制定和数据采集、分析与运用的过程,要符合数字伦理;政府应完善平台的制度监管,构建负责任的科技创新。第三,以现代信息和通信技术为基础,加强数字资源和技术,以及基础设施建设,加快农业数字化发育和转型。农业供应链的数字化转型以数字化基础设施和信息技术的发展为前提条件,优化数字资源的公平配置,推动数字公共服务均等化,进一步消解贫困人群的数字能力(素养)和数字权利的贫困,从而更好地支撑和引领农业数字化创新。

第七章　中国农业供应链治理的政治逻辑

一、引　言

农业供应链治理不仅是一个经济问题,更是一个关涉民生与发展的政治问题。企业、地区、国家和国际等不同层面的农业供应链治理同步发生且相互交织,在治理能力相对较低的情况下,复杂交织的农业供应链治理可能会更加复杂,不确定性会增大。但是,不确定性也意味着可塑性。一方面,它为构建一个综合性的农业供应链治理体系提供了机遇。另一方面,不同行业和类型的农业供应链治理,各有其自身的突出且独特的挑战,对这些挑战的重点突破,将有效提升农业供应链的治理能力,化解危机并实现发展。在经济社会可持续转型的十字路口,从政治高度去理解农业供应链治理,将使其发挥规模性和持久性的效益。作为总结,本章从政治性视角审视农业供应链治理,探讨农业供应链治理的政治意涵和治理机制,以塑造经济社会可持续转型的机会。

面对可持续转型的机遇和挑战,农业供应链治理被赋予多元的内涵。早期的农业供应链治理注重对市场和消费者的研究,重视提升效率、效益、顾客价值、经济优势等供应链本身的发展水平。近二十年来,可持续发展议题、公共政策压力和消费者的期待,使得农业供应链的任务从单纯创造经济利润转向了创造利润与化解社会难题并重,这些社会难题包括气候变化、环境保护、性别平等、社区扶贫等。在这一背景下,平衡商业利益和公共利益之间的关系,推动多元利益融合,正成为一种政治挑战和政治机遇。因此,农业供应链治理不仅要实现涉农商业组织之治,更要实现农村社区之治,以及国家粮食安全、食品安全、数字化转型等公共利益的国家之治。

　　政治视角下的农业供应链治理,应反思并超越传统商业视角下的农业供应链内部治理思路。政治视角下的农业供应链治理,不是经济去监管化、贸易和产业自由,而是探索私有企业和组织追求公共利益的可行路径,从而更好地实现我国可持续发展的目标。在经济管理的视角中,供应链的伦理性实践作为一种差异化的发展战略,根本的目标是实现商业活动本身的利润、竞争和效率。迈克尔·波特提出经济高速发展与贫穷、环境污染等问题相伴发展,经济、社会、环境发展的不平衡带来企业的合法性危机。[①]在这样的背景下,创造共享价值是一种全新的价值理念,它推动商业组织和商业活动更好地履行社会责任,为自身营造良好的营商环境,化解资本主义制度的合法性危机。商业实践的变革性,将可持续发展融入企业基因,形成有道德、可持续的价值观和商业观。我国深化和加速转变以经济增长为核心的发展模式,强化对最贫穷、最脆弱、最边缘化的群体和区域的关注。尽管通过商业方式来实现环境、社会治理,是实现可持续发展的重要举措之一,但它有自身内在的局限性和制约性。负责任的商业活动需要政治环境(尤其是经济制度)的本质性约束,从而更好地发挥作用。

　　农业供应链治理的政治转向,超越了仅基于市场手段的社会治理。第一,用政治逻辑将农业供应链的经济与社会议题整合,而政治逻辑将超越短期利益考量,追求更加长远的利益与发展。第二,创造良好的政治环境,而非仅仅是良好的营商环境。政治环境是商业发展的前提,没有良好的政治环境,就没有商业的持久繁荣。在发展中国家,政治环境建设比营商环境建设拥有更加重要的位置。政治是对利益的分配,优良的政治环境是一个公平、正义社会的根基,有助于发挥每个个体的消费、工作、创新潜力,从而为商业发展提供更加广泛的机遇。第三,政治理念和社会制度的植入,使得中国农业供应链突破了西方"俘获"与"压榨"的商业逻辑,成为推动和促进变革的发展平台。加强农村社区发展(乡村振兴)、粮食安全、食品安全、数字化转型等政治议题与农业供应链的整合,既能拓展农业供应链的发展能力,也能创造良好的外部环境,进而

---

　　① Michael Porter and Mark Kramer, "Creating Shared Value", *Harvard Business Review*, Vol.89,no.1(2011), pp.62—77.

推动经济社会转型发展。可以说,以本土市场需求为基础的农业供应链的网络体系和融入政治要素的治理结构①,为中国经济的可持续发展奠定了坚实的基础。

政治视角下的农业供应链治理,包括隐性的制度精神与显性的实践机制(技术、模式),二者密不可分。一方面,治理实践中包含着制度精神;另一方面,制度精神将反过来作用于治理实践。制度精神是彰显国家、组织等行为体的价值观、利益追求,有着集体主义与个人主义、社会主义与资本主义、经济利益导向与社会福祉导向等不同层面的精神内核。制度精神体现为两个方面:(1)制度的稳定性与延续性;(2)制度的价值性和创造性。有学者指出,制度精神包括地方或者草根创新,也包括政策创新。②制度精神,是一种面向未来的、具有价值引领性的无形力量。制度精神对于实践的引领作用表现在通过形成制度和政策,影响农业供应链治理的实践机制,提升中国农业供应链的治理体系与能力。

本章分为五部分。引言之后,第二部分总结、提炼在不同的农业供应链的体系和能力治理方面所蕴含的政治意涵。第三部分总结可持续转型情境下的农业供应链治理的实践机制。第四部分展望农业供应链治理与可持续转型的内在联系。第五部分总结全书。

二、农业供应链治理的政治意涵

农业供应链治理的内在政治意涵,表现为:(1)承担政治任务;(2)融入政治过程;(3)坚持政治立场。首先,农业供应链治理具有家国情怀、天下使命的政治意义传递功能。中国农业供应链治理体系和治理能力,是重要的经济和区域发展问题,也是政治生活的核心关切。因为农业农村的繁荣、效率、公平是各级政府最普遍、最基本的政治目标之一。农业供应链治理中社区发展、粮食安全、

---

① 刘志彪、张杰:《从融入全球价值链到构建国家价值链:中国产业升级的战略思考》,载《学术月刊》2009 年第 9 期。

② 袁祖社:《制度精神:基于现代"人文理性"之优良政治伦理价值诉求》,载《思想战线》2009 年第 4 期。

食品安全、数字化转型等,既是各级政府的政治任务,也是政治问题。①农业供应链系统,是一个专业性、功能性极强的治理系统,需要一个高效、权威、组织性的系统来应对未知的挑战。

其次,综合性的供应链治理过程,本质上是一个政治过程,是各方权力和影响力的博弈。它推动了供应链内部、供应链整体和供应链利益相关者等这些"不对称主体之间的平等交往"。综合性的农业供应链治理的政治就是要解释不同利益方谁得到利益、如何得到利益、何时得到利益以及谁能影响甚至决定利益分配这些问题。可持续转型作为一个各方共同追求的目标,需要构建一个共同行动的情境。在可持续转型的情境中,行动者需要反思和更新自身的认识维度,并且在不断的(商谈性与行动性)互动中重塑实践过程,进而实现经济、社会、环境协同发展的目标。在这个过程中,个体认知的转变,有助于影响日常的实践,进而改变社会结构。

再次,农业供应链治理体系和治理能力的二重维度,体现了内在的政治立场。从以经济发展为核心转向可持续发展,中国需要不断地优化和发挥政治因素的积极力量,既要发展经济、积累财富,也要保障财富的合理分配,使得各个群体共享发展。共享发展的理念,已经上升为国家意志,成为推动农业、农村和农民高质量发展的有力工具。

农业供应链治理的政治转向,在治理体系和治理能力二重维度的表现如下:在治理体系维度,综合性的农业供应链治理具有开放性、多元性和多功能性特征,既要激发体制、机制的内在活力,又要打破束缚生产力发展的要素,从而解放生产力,获得持久、公平、正义的发展结果。②而治理能力维度则体现为农业供应链与不同议题融合的能力。农业供应链与农村社区的联动发展,创造共享价值,不仅拓展了供应链的企业社会责任,更是积极应对国家转型所面临的挑战的体现。这种联动发展能为乡村发展开拓良好的外部环境,以便获得临近村庄、地区,乃至相关国家政策的支持。以大米供应链治理在实现粮食安全过程中面对的机遇和挑战为例。粮食安全,就是国家安全,就是每一个人的生存安

---

① 王海娟:《资本下乡的政治逻辑与治理逻辑》,载《西南大学学报》(社会科学版)2015 年第 4 期。

② 郭苏建:《中国国家治理现代化视角下的社会治理模式转型》,载《学海》2016 年第 4 期。

全。完善大米供应链与农村社区的交互作用,要求大米产业的监管和治理不仅要关注生产要素的总量,更要优化供应链与关联社区之间的要素匹配。又如,乳制品供应链中的食品安全问题直接关系到产业发展、政府治理能力。重建食品安全信任,需要政府、企业和消费者的共同努力。而数字化转型过程中,农业供应链的数字化过程和数字化社会运动,鼓励创新性、包容性的农业供应链发展。优化数字化农业治理,能够创造更有效率、更加公平的全球食品系统,进而实现可持续发展的目标。

治理体系和治理能力的现代化追求农业供应链治理体系与能力的相互统一、相互促进与相互强化。[1]第一,尽管在不同类型的农业供应链中,国家的嵌入程度不同,但是在中国,党和国家都居于核心位置,领导农业供应链的发展和革新。一方面,中国社会主义制度的长期稳定,构建了一个限制资本过度强大的治理体系。另一方面,党和国家通过政策议题,推动商业组织和事业单位等融入到农业供应链的治理实践之中。第二,农业供应链成为一个创新平台,既需要规则性的治理体制,也需要原则性的治理体制。规则性的治理体制,就是要激发供应链参与者和利益相关者的潜在能力,推动资源优化组合和发展过程创新。

三、农业供应链的治理逻辑

农业供应链治理跃居为重要的经济、社会组织模式和资源分配方式,政府必须有所为有所不为。农业供应链治理包含规定型治理和赋能型治理。规定型治理体现了需要政府长远规划、强力政策引导的发展方面,赋能型治理则需要强化社会组织的学习、领导和合作的领域。两种不同的治理方式共同存在、彼此作用,有助于抢抓农业供应链转型的机遇。构建规定型和赋能型有机协调的"良好组织化"的治理,避免社会整体的组织化不足与过度[2],不断推动整个供应链系统朝着共享、协同和共赢的方向发展,有助于形成中国"适应性创新"的治理体制。

---

① 刘建军:《体系与能力:国家治理现代化的二重维度》,载《行政论坛》2020年第4期。
② 孙国东:《能动性社会与功能主义的社会治理观论纲》,载《社会科学》2018年第4期。

（一）规定型治理

规定型治理是国家农业供应链治理的重要方面，以国家与政府的强制性权威和法律规制为重要特征。这类治理与政策设计过程相融合。农业供应链的政策嵌入，体现在农村社区发展、粮食安全、食品安全、数字化转型的各方面，有助于实现提升农业供应链系统的韧性和可持续发展，更有助于国家现代化治理能力的提升。农业供应链的规定型治理表现为以下两个方面。

1. 差序现代化

不同于西方国家以大型农场、商业组织为主体的食品供应链体系，中国的食品供应链体系呈现出多元化、非均衡性、协调性的特点。首先，中国不仅有能与西方现代化农业企业同台竞技的大型国有企业，也有欣欣向荣的民营中小企业，还有大量坚韧勤勉的小规模农业个体经营者。其次，中国东中西部地区的农业发展呈现出显著的地域性特点。偏远山区的农业呈现出原始、低污染、低现代化水平；大城市周边的农业资本密集度高，科技水平和市场化水平高。最后，不同地区、不同的农业生产类型，分别服务于不同的消费市场和消费者，彼此之间既存在竞争关系，也存在协调关系。尤其是随着电子商务、直播带货等网络端销售模式的兴起，消费者的交叉性、协调性消费策略愈发明显。因此，为了保证消费选择的多元性，不仅要重视特定的农业供应链治理，也要重视不同农业供应链的协调。

现代化表现为技术与社会嵌入的逐渐增强，治理的复杂性显著增加。互联网时代的崛起打破了传统的物理界限，使得公共领域和私人领域发生了交叉融合，部分数字平台已经具备了影响行业、地区行为的能力。农业供应链治理的数字化转型，是科技支撑、资本要素[1]、消费模式变革等共同作用的结果。数字化时代，数字平台驱动成为供应链治理的全新驱动力。[2]数字化是未来发展的趋势，但它并不是唯一的模式；应该保留非数字农业的生存空间，这样才能实现多元化、差序性的现代化。

---

[1]　周浪：《另一种"资本下乡"——电商资本嵌入乡村社会的过程与机制》，载《中国农村经济》2020 年第 12 期。

[2]　郭周明、裘莹：《数字经济时代全球价值链的重构：典型事实、理论机制与中国策略》，载《改革》2020 年第 10 期。

2. 营养健康

粮食安全、公共健康与可持续发展具有复杂的内在关系。治理目标从粮食产量向食物营养、健康延伸，体现了国家对人民生活质量的关注。全球食品政策报告指出，巴西、中国、印度、印度尼西亚、墨西哥等国尽管已经解决了长期性的饥饿问题，但依然面临着可持续、包容增长不足的威胁。以农药化肥科技为基础的绿色革命带来了农业产量的提升，却也导致了土壤重金属残留和有毒农药污染等带来的自然环境退化的问题，威胁了公共健康。同时，粮食增产保障了粮食安全，但是营养摄入不均衡和营养摄入过量等问题仍未解决。食源性健康疾病，需要各个国家和地区深化对农业供应链系统可持续发展的政策讨论和治理行动。

（二）赋能型治理

政策是不同利益集团博弈的结果，并不单纯是政府意志的表达。一个高效的决策者需要认识到这一点，并且将不同的行为者和制度联合起来。赋能型治理需要规避政策歧视，更好地鼓励知识分享、创造性互动和广泛的协调合作。

1. 环境保护

随着保障公共健康成为全球责任，加强对自然资源和自然环境的保护成为共识。人是可持续发展的核心，人应该拥有一个保障其健康生活与发展的自然环境。同时人的健康离不开经济社会的发展，尤其是帮助贫困人口脱贫致富，也为健康发展提供了良好的物质基础。同时，自然资源与自然环境是经济发展的重要基础，没有自然资源和环境保护的经济发展是短视的发展，无法获得持久而长远的生命力。第二次科技革命带来了两个重要挑战：第一，大量的肥料和灌溉，造成了土地污染，并减少了生物多样性。第二，大量种植水稻、玉米和小麦，导致了人们的饮食结构单一，营养不良造成了与显性饥饿一样给人们的健康带来损害的隐性饥饿问题。在这样的背景下，各国政府和农业研究者开始在致力于解决贫困与饥饿的问题的同时兼顾资源和生物多样性的保护。

2. 知识分享

知识分享或者信息的双向流动（知识转移），有助于帮助供应链获得竞争优势。不良的沟通和透明性的缺乏，使供应链成员之间缺乏信任和共识，导致了供应链的低效率运行。系统性、包容性、透明性和回应性的供应链信息流动、知识共享,有助于推动供应链成员间的协作,提高治理水平。①知识分享在今天显得更加重要,因其有助于推动不同社会阶层、年龄阶段人群的相互理解、共同行动,消除贫困、实现性别平等、扭转气候变化。对人力资本和创新解决方案进行投资,能够增强对青年群体的赋能,这也是我们真正意义上建设一个更加可持续、公正与和平世界的希望。

3. 高效领导

领导为治理提供激发催化机制和整合协调机制,推动治理秩序和机制的重构,从而为治理目标提供实现基础。领导与治理相互作用的动力就是组织共同体成员在寻求和保障组织共同体价值和共同利益的基础上实现自身利益的需要。领导和治理相互作用的过程是互动效果不断反馈的过程。只有构建领导与治理激励相容机制,构建领导适应治理的机制,构建权责运行机制,才能实现领导与治理的良性互动。

中国的农业现代化,需要高效地推动国家制度、地区环境、企业运营等不同方面的协同,建立综合性的农业治理框架,做好与社会议题的有机衔接,推动联合发展,实现创新性治理方式和治理理念。中国的农村集体土地所有制是对小农户的制度性、持久性保障。它意味着中国现代农业与小农生产将长期共存,推动现代农业与小农户的衔接,约束和规制竞争性的市场制度,是中国农业的健康、和谐发展与二者共生性演化的保障。

4. 协调合作

供应链是合作的催化剂,各个成员之间需要如团队一样共同工作,将伙伴关系变成现实。伙伴关系是可持续发展目标得以实现的基础,深化企业与不同社会议题的衔接,通过可扩张规模的、有影响力的(企业间、区域间)伙伴关系来推动变革,能够实现强劲、可持续的发展。以强烈责任感加入社会转型发展征程的供应链参与者,是推动经济社会转型的重要力量。

供应链内部的伙伴关系和协调合作,有助于增强组织间的信任,降低运营

---

① 唐泽威、蒋诚智:《一种面向供应链治理的知识共享学习模型》,载《华东理工大学学报》(社会科学版)2020 年第 4 期。

风险,提高工作效率。同时,供应链也需要与政府部门深化协调合作,以便应对更加复杂的经济、社会和环境挑战。供应链的可持续发展能力是检验行政和政策执行效能的工具。对作为统筹产业发展全流程的供应链实施有效治理,应突破"一事一议"的项目制技术治理模式,打破"条块分割"的现状,实现系统性、整体性的改革。供应链治理的目标,要从促进企业内部发展,转型为面向产业整体优化,乃至推动社会向前发展,这体现了供应链不断与内部和外部的主体协调合作,共同赋能农业和经济社会的发展。

四、中国农业供应链的转型治理

可持续转型综合考量经济效益(扶贫)、共享发展、绿色发展、社会正义等多个维度,是不同参与者、不同领域齐头并进的过程,是不断学习、反思、调整、重建、创新和循序渐进的过程。可持续转型从宏观的国际和国家层面的改革创新,到中观的产业整体和区域的协同改革,再到企业、组织、社区和个人等微观的提升和优化,展现出其多层次、跨尺度的复杂性。因此,农业供应链转型只有融合多个目标、连接不同群体、贯穿不同尺度,有效衔接现实需要,才能推动多重目标、多元主体、多维过程的协同与整合。

可持续转型不能靠单打独斗,而要靠全社会、跨学科的学习、交流、突破、创新。它强调了探索、实践,也强调过程、进步与发展,反对一切保守、封闭的观点。农业供应链可持续治理,会随着理论研究和现实发展而不断拓展。

对于农业供应链治理而言,国家是最本质、也是最重要的主体。这是因为,一方面,国家为农业供应链的发展提供了政策引导和法律规制,提供了良好的政策环境。作为产业,农业的发展需要依托国家的基础设施投入、科技投入、教育投入等。

另一方面,国家是农业供应链治理的受益者,需要依靠有效的农业供应链治理来维护和巩固自身的政治影响力。例如,工业革命时期的英国不仅依靠殖民地的棉花推动了国内纺织业的发展,为工业化的起步奠定了坚实基础;还依托殖民地的低价农产品,降低国内工业化发展中城市人口粮食消费的支出。

政治视角下的农业供应链治理这一课题,具有巨大的研究潜力和研究前景。中国正处于可持续转型的突破期,经济系统中微观-中观-宏观三个层面相互作用、变革与稳定之间的复杂取舍,都需要从基层政治、国家政治、国际政治的角度,对农业供应链治理展开丰富而深入的研究,以探明政治系统与农业供应链的互动机制和相互关系,从而为实现国家政治目标、加速可持续性转型做出理论贡献。

可持续转型既是一国之需,更是全球共同之需。中国农业可持续转型之路,任重而道远,既需要不断强化科学研究,探索可持续发展导向下,农业供应链治理的内在机理,也需要在实践层面打破非可持续发展的路径依赖,通过政治引领,发挥政府、政党和政策的力量,开创我国农业可持续发展的新局面。面对当今诸多不稳定因素,我国需要坚定不移贯彻新发展理念、构建新发展格局,把保护生态环境摆在更加突出的位置,推动经济社会高质量发展、可持续发展。

2020 年,中国确立了以国内大循环和国际国内双循环为基础的新发展格局,以应对国际、国内由新冠肺炎疫情、中美贸易摩擦带来的一系列风险和挑战。新发展格局有三个特点:第一,立足国内,拓展广阔的、潜在的国内市场;第二,畅通国内供应链的各个环节,打造内在的竞争优势(产业升级);第三,将国内供应链与国际供应链联通起来,形成一种新的发展局面。国家干预与市场制度融合,有助于提高供应链应对自身发展挑战,适应外部的变革要求。

可持续发展作为一种追求经济、社会、环境协同的发展方式,有助于推动全面性、综合性的治理。它需要激励平行的参与者,不断地合作、创新与发展,保持社会主义市场经济制度的内在活力,提升经济、社会、环境、文化方面的治理能力。而综合性的农业供应链治理,需要推动不同层级和尺度的供应链之间的合作与创新。构建综合性的农业供应链治理体系,将企业、企业网络和利益相关者引入农业与食品体系的治理过程之中,体现了国家强大的建制能力,有助于提高国家塑造农业与食品体系的有效性和权威性。

五、小　　结

可持续转型,是全球的共同挑战。农业供应链治理是助力可持续转型的关键,也与民生、发展、生活质量等有着密切联系,它不仅是一个经济管理问题,也是一个政治问题。农业供应链治理是中国农业市场化发展、城乡融合发展的新时代政治实践，也为政治学研究提供了更加丰富的主题、素材和资源。研究主体的拓展和引领性实践的挖掘是推动政治学知识生产的重要引擎。从综合性的农业供应链治理，到农业供应链治理与社会议题的联动发展，是国家和政府治理实践中的具体问题和政策需求，也是引领政治学学科建设和政治学研究生长的关键力量。

为了实现2030年可持续发展目标，需要从以经济为核心的传统发展模式，转向经济、社会、环境协调发展的可持续发展新模式。农业供应链既是中国农业、农村和经济转型发展最为关键的领域，也是传统与现代化融合、激荡最为强烈的领域，需要构建新的治理体系，培育新的治理能力，对经济社会发展中出现的各类问题做出积极的回应。农业供应链与农村社区发展、粮食安全、食品安全和数字化转型等方面协同发展，是中国农业供应链治理能力现代化的体现。作为全球最重要的发展中国家，中国农业供应链治理面向可持续转型的新实践，为供应链治理理论创新提供了巨大的空间，也为全球可持续转型创造了新的机遇。

参考文献

中文参考文献

陈其齐、杜义飞、薛敏:《数字化转型及不确定环境下中国管理研究与实践的创新发展——第11届"中国·实践·管理"论坛评述》,载《管理学报》2021年第3期。

陈沁瑶:《大数据"杀熟"的法律规制研究》,载《安徽行政学院学报》2021年第1期。

陈永平:《农产品直播带货功能优化与发展策略研究——兼析农产品消费质量需求》,载《价格理论与实践》2020年第9期。

邓喆:《政府官员直播"带货":政务直播+助农的创新发展、风险挑战与长效机制》,载《中国行政管理》2020年第10期。

丰佳栋:《知识动态能力视角的电商平台大数据分析价值链战略》,载《中国流通经济》2021年第2期。

[美]弗朗西斯·福山:《信任:社会美德与创造经济繁荣》,彭志华译,桂林:广西师范大学出版社2016年版。

高海波:《数字帝国主义的政治经济学批判——基于数字资本全球积累结构的视角》,载《经济学家》2021年第1期。

高玮:《公共治理理论视角下的食品安全监管体制研究》,湖南大学2010年博士学位论文。

顾雷雷、王鸿宇:《社会信任、融资约束与企业创新》,载《经济学家》2020年第11期。

郭海、杨主恩:《从数字技术到数字创业:内涵、特征与内在联系》,载《外国经济与管理》2021 年第 9 期。

郭苏建:《中国国家治理现代化视角下的社会治理模式转型》,载《学海》2016 年第 4 期。

郭周明、裘莹:《数字经济时代全球价值链的重构:典型事实、理论机制与中国策略》,载《改革》2020 年第 10 期。

贺聪志、叶敬忠:《小农户生产的现代性消费遭遇——基于"巢状市场小农扶贫试验"的观察与思考》,载《开放时代》2020 年第 6 期。

胡岗岚、卢向华、黄丽华:《电子商务生态系统及其演化路径》,载《经济管理》2009 年第 6 期。

李敏:《农业数字化转型发展研究》,载《信息通信技术与政策》2020 年第 11 期。

刘红岩:《中国产业扶贫的减贫逻辑和实践路径》,载《清华大学学报》(哲学社会科学版)2021 年第 1 期。

刘济群:《基于核心资本概念的农民数字化脱贫阶段模型分析》,载《现代情报》2015 年第 1 期。

刘建军:《体系与能力:国家治理现代化的二重维度》,载《行政论坛》2020 年第 4 期。

刘丽、郭苏建:《大数据技术带来的社会公平困境及变革》,载《探索与争鸣》2020 年第 12 期。

刘卫东:《新冠肺炎疫情对经济全球化的影响分析》,载《地理研究》2020 年第 7 期。

刘元胜:《农业数字化转型的效能分析及应对策略》,载《经济纵横》2020 年第 7 期。

刘志彪、张杰:《从融入全球价值链到构建国家价值链:中国产业升级的战略思考》,载《学术月刊》2009 年第 9 期。

[美]迈克尔·波特:《竞争优势》,陈小悦译,北京:华夏出版社 1997 年版。

孟飞、程榕:《如何理解数字劳动、数字剥削、数字资本?——当代数字资本主义的马克思主义政治经济学批判》,载《教学与研究》2021 年第 1 期。

慕静、东海芳、刘莉:《电商驱动农产品品牌价值创造的机制——基于京东生鲜的扎根理论分析》,载《中国流通经济》2021 年第 1 期。

桑百川、鲁雁南:《完善全球经济治理机制的战略思考》,载《国际贸易》2020年第 8 期。

沈玉良、彭羽、高疆、陈历幸:《数字贸易发展新动力:RTA 数字贸易规则方兴未艾——全球数字贸易促进指数分析报告(2020)》,载《世界经济研究》2021年第 1 期。

孙国东:《能动性社会与功能主义的社会治理观论纲》,载《社会科学》2018年第 4 期。

锁利铭:《面向共同体的治理:功能机制与网络结构》,载《天津社会科学》2020 年 6 期。

唐泽威、蒋诚智:《一种面向供应链治理的知识共享学习模型》,载《华东理工大学学报》(社会科学版)2020 年第 4 期。

汪鸿昌、肖静华、谢康、乌家培:《食品安全治理——基于信息技术与制度安排相结合的研究》,载《中国工业经济》2013 年第 3 期。

汪旭晖、张其林:《电子商务破解生鲜农产品流通困局的内在机理——基于天猫生鲜与沱沱工社的双案例比较研究》,载《中国软科学》2016 年第 2 期。

汪亚峰、熊婷燕:《行业协会参与我国食品安全治理探讨》,载《江西社会科学》2020 年第 9 期。

王海娟:《资本下乡的政治逻辑与治理逻辑》,载《西南大学学报》(社会科学版)2015 年第 4 期。

王明、闫慧:《农村居民跨越偶现式数字鸿沟过程中社会资本的价值——天津静海田野调查报告》,载《中国图书馆学报》2013 年第 5 期。

王胜、屈阳、王琳、余娜、何佳晓:《集中连片贫困山区电商扶贫的探索及启示——以重庆秦巴山区、武陵山区国家级贫困区县为例》,载《管理世界》2021年第 2 期。

王中原、郭苏建:《当代中国政治学 70 年发展:学科建设与学术研究》,载《探索与争鸣》2019 年第 10 期。

谢康、赖金天、肖静华、乌家培:《食品安全、监管有界性与制度安排》,载《经济研究》2016 年第 4 期。

谢康、赖金天、肖静华:《食品安全社会共治下供应链质量协同特征与制度需求》,载《管理评论》2015 年第 2 期。

闫慧、洪萍蟑:《社会资本对少数民族地区农村居民数字化脱贫的影响——湘西土家族苗族自治州里耶镇的田野研究报告》,载《情报资料工作》2014 年第 3 期。

杨清华:《协同治理与公民参与的逻辑同构与实现理路》,载《北京工业大学学报》(社会科学版)2011 年第 11 期。

杨伟民:《中国乳业产业链与组织模式研究》,中国农业科学院 2009 年博士学位论文。

叶敬忠、贺聪志:《基于小农户生产的扶贫实践与理论探索——以"巢状市场小农扶贫试验"为例》,载《中国社会科学》2019 年第 2 期。

易加斌、李霄、杨小平、焦晋鹏:《创新生态系统理论视角下的农业数字化转型:驱动因素、战略框架与实施路径》,载《农业经济问题》2021 年第 7 期。

殷浩栋、霍鹏、汪三贵:《农业农村数字化转型:现实表征、影响机理与推进策略》,载《改革》2020 年第 12 期。

尹晨、李雪:《"一带一路"创新治理机制探析——基于全球政治社会学的视角》,载《复旦学报》(社会科学版)2020 年第 5 期。

袁祖社:《制度精神:基于现代"人文理性"之优良政治伦理价值诉求》,载《思想战线》2009 年第 4 期。

中共中央党史和文献研究室:《习近平新时代中国特色社会主义思想专题摘编》,北京:中央文献出版社 2023 年版,第 212—213 页。

中共中央文献研究室:《习近平关于社会主义政治建设论述摘编》,北京:中央文献出版社 2017 年版,第 145—147 页。

钟真、刘育权:《数据生产要素何以赋能农业现代化》,载《教学与研究》2021 年第 12 期。

周浪:《另一种"资本下乡"——电商资本嵌入乡村社会的过程与机制》,载《中国农村经济》2020 年第 12 期。

英文参考文献

Adam Lindgreen and Finn Wynstra, "Value in Business Markets: What Do We Know? Where Are We Going?" *Industrial Marketing Management*, Vol.34, no.7 (2005), pp.732—748.

Adam Lindgreen, Martin K. Hingley, David B. Grant and Robert E. Morgan, "Value in Business and Industrial Marketing: Past, Present, and Future", *Industrial Marketing Management*, Vol.41, no.1(2012), pp.207—214.

Alex Hiller and Tony Woodall, "Everything Flows: A Pragmatist Perspective of Trade-offs and Value in Ethical Consumption", *Journal of Business Ethics*, (2018), pp.1—20.

Alex Zautra, John Hall and Kate Murray, "Community Development and Community Resilience: An Integrative Approach", *Community Development*, Vol.39, no.3(2008), pp.130—147.

Amartya Sen, *Commodities and Capabilities*, Oxford: Oxford University Press, 1999.

Ananya Mukherjee Reed and Darryl Reed, "Partnerships for Development: Four Models of Business Involvement", *Journal of Business Ethics*, Vol.90, no.1 (2008), pp.3—37.

Andreas Georg Scherer and Guido Palazzo, "The New Political Role of Business in a Globalized World: A Review of a New Perspective on CSR and Its Implications for the Firm, Governance, and Democracy", *Journal of Management Studies*, Vol.48, no.4(2011), pp.899—931.

Andreas Wieland, Robert B. Handfield and Christian F. Durach, "Mapping the Landscape of Future Research Themes in Supply Chain Management", *Journal of Business Logistics*, Vol.37(2016), pp.205—212.

Andrew Fearne, Marian Garcia Martinez and Benjamin Dent, "Dimensions of Sustainable Value Chains: Implications for Value Chain Analysis", *Supply Chain Management: An International Journal*, Vol.17(2012), pp.575—581.

Aneel Karnani, "The Mirage of Marketing to the Bottom of the Pyramid: How the Private Sector Can Help Alleviate Poverty", *California Management Review*, Vol.49, no.4(2007), pp.90—111.

Angela Tregear and Sarah Cooper, "Embeddedness, Social Capital and Learning in Rural Areas: the Case of Producer Cooperatives", *Journal of Rural Studies*, Vol.44(2016), pp.101—110.

Angela Tregear, "Progressing Knowledge in Alternative and Local Food Networks: Critical Reflections and a Research Agenda", *Journal of Rural Studies*, Vol.27, no.4(2011), pp.419—430.

Ann Dale, "Agency: Individual 'Fit' and Sustainable Community Development", *Community Development Journal*, Vol.49(2014), pp.426—440.

Anthony Giddens, *Central Problems in Social Theory: Action, Structure, and Contradiction in Social Analysis*, Vol.241, Oakland: University of California Press, 1979.

Archie B.Carroll, "The Pyramid of Corporate Social Responsibility: Toward the Moral Management of Organizational Stakeholders", *Business Horizon*, Vol.34, no.4 (1991), pp.39—48.

Arun Agrawal and Clark C.Gibson, "Enchantment and Disenchantment: The Role of Community in Natural Resource Conservation", *World Development*, Vol.27, no.4(1999), pp.629—649.

Bai Junfei, Zhang Caiping and Jiang Jing, "The Role of Certificate Issuer on Consumers' Willingness-to-Pay for Milk Traceability in China", *Agricultural Economics*, Vol.44, no.4—5(2013), pp.537—544.

Bart Van Rijsbergen, Willem Elbers, Ruerd Ruben and Ndirangu Njuguna, "The Ambivalent Impact of Coffee Certification on Farmers' Welfare: A Matched Panel Approach for Cooperatives in Central Kenya", *World Development*, Vol.77 (2016), pp.277—292.

Ben Selwyn, "Social Upgrading and Labour in Global Production Networks: A Critique and an Alternative Conception", *Competition & Change*, Vol.17, no.1 (2013), pp.75—90.

Bill Pritchard, Neil Argent, Scott Baum, Lisa Bourke, John Martin, Phil Mc-manus, Anthony Sorensen and Jim Walmsley, "Local—if Possible: How the Spatial Networking of Economic Relations Amongst Farm Enterprises Aids Small Town Survival in Rural Australia", *Regional Studies*, Vol.46, no.4(2012), pp.539—557.

Bob Jessop, "Institutional Re(turns) and the Strategic-relational Approach", *Environment Planning*, Vol.33, no.7(2001), pp.1213—1235.

Brian Uzzi, "The Sources and Consequences of Embeddedness for the Economic Performance of Organizations: The Network Effect", *American Sociological Review*, Vol.61, no.4(1996), pp.674—698.

Byron Miller, "Collective Action and Rational Choice: Place, Community, and the Limits to Individual Self-interest", *Economic Geography*, Vol.68, no.1(1992), pp.22—42.

Cao Ting, Shi Guicheng and Yin Yanting, "How to Repair Customer Trust of High-Risk Products after Negative Publicity", *Nankai Business Review International*, Vol.5, no.4(2014), pp.382—393.

Caroline E.Handford, Katrina Campbell and Christopher T.Elliott, "Impacts of Milk Fraud on Food Safety and Nutrition with Special Emphasis on Developing Countries", *Comprehensive Reviews in Food Science and Food Safety*, Vol.15, no.1 (2016), pp.130—142.

Chen Tinggui, Song Min, Teruaki Nanseki, Shigeyoshi Takeuchi, Zhou Hui and Li Dongpo, "Consumer Willingness to Pay for Food Safety in Shanghai China: A Case Study of Gap-Certified Milk", *Journal of the Faculty of Agriculture Kyushu University*, Vol.58, no.2(2013), pp.467—473.

Chen Yan, Ji Hua, Chen Lijun, Jiang Rong and Wu Yongning, "Food Safety Knowledge, Attitudes and Behavior among Dairy Plant Workers in Beijing, Northern China", *International Journal of Environmental Research and Public Health*, Vol.15, no.1(2018). pp.63—71.

Cheng Leilei, Yin Changbin and Chien Hsiaoping, "Demand for Milk Quantity and Safety in Urban China: Evidence from Beijing and Harbin", *Australian Journal of Agricultural and Resource Economics*, Vol.59, no.2(2015), pp.275—287.

Christopher Marquis, Michael Lounsbury and Royston Greenwood, "Introduction: Community as an Institutional Order and a Type of Organizing", in Christopher Marquis, Michael Lounsbury and Royston Greenwood (eds.), *Communities and Organizations*, Bingley: Emerald Group Publishing Limited, 2011.

Clare C.Hinrichs, "Transitions to Sustainability: A Change in Thinking about Food Systems Change?" *Agriculture and Human Values*, Vol.31, no.1 (2014), pp.143—155.

Clodia Vurro, Angeloantonio Russo and Francesco Perrini, "Shaping Sustainable Value Chains: Network Determinants of Supply Chain Governance Models", *Journal of Business Ethics*, Vol.90, no.4(2009), pp.607—621.

Craig R.Carter and Dale S.Rogers, "A Framework of Sustainable Supply Chain Management: Moving toward New Theory", *International Journal of Physical Distribution and Logistic Management*, Vol.38, no.5(2008), pp.360—387.

Craig R.Carter, Dale S.Rogers and Thomas Y.Choi, "Toward the Theory of the Supply Chain", *Journal of Supply Chain Management*, Vol.51(2015), pp.89—97.

Craig R.Carter, Tobias Kosmol and Lutz Kaufmann, "Toward a Supply Chain Practice View", *Journal of Supply Chain Management*, Vol.53(2017), pp.114—122.

Cristina Gimenez and Elcio M.Tachizawa, "Extending Sustainability to Suppliers: A Systematic Literature Review", *Supply Chain Management: International Journal*, Vol.17, no.5(2012), pp.531—543.

Danielle Levac, Heather Colquhoun and Kelly K.O'Brien, "Scoping Studies: Advancing the Methodology", *Implement Science*, Vol.5, no.1(2010), p.69.

David L.Levy, "Political Contestation in Global Production Networks", *Academy of Management Review*, Vol.33, no.4(2008), pp.943—963.

David L.Levy, Juliane Reinecke and Stephan Manning, "The Political Dynamics of Sustainable Coffee: Contested Value Regimes and the Transformation of Sustainability", *Journal of Management Studies*, Vol.53, no.3(2016), pp.364—401.

David L.Ortega, Wang Hong and Nicole J.Olynk Widmar, "Welfare and Market

Impacts of Food Safety Measures in China: Results from Urban Consumers' Valuation of Product Attributes", *Journal of Integrative Agriculture*, Vol.13, no.6(2014), pp.1404—1411.

David Neven, *Developing Sustainable Food Value Chains*, FAO, 2014.

David S.Conner, "Expressing Values in Agricultural Markets: an Economic Policy Perspective", *Agricultural and Human Values*, Vol.21, no.1(2004), pp.27—35.

David Vogel, *The Market for Virtue: the Potential and Limits of Corporate Social Responsibility*, Washington: Brookings Institution Press, 2005.

Department for International Development, *Making Value Chains Work Better for the Poor: A Toolbook for Practitioners of Value Chain Analysis*, Cambodia: Agricultural Development International, 2008.

Dietmar Stoian, Jason Donovan, John Fisk and Michelle F.Muldoon, "Value Chain Development for Rural Poverty Reduction: A Reality Check and a Warning", *Enterprise Development and Microfinance*, Vol.23, no.1(2012), pp.54—60.

Djin Gie Liem, Dieuwerke Bolhuis, Hu Xianmin and Keast Russell, "Short Communication: Influence of Labeling on Australian and Chinese Consumers' Liking of Milk with Short(Pasteurized) and Long(UHT) Shelf Life", *Journal of Dairy Science*, Vol.99, no.3(2016), pp.1747—1754.

Dong Xiaoxia and Li Zhemin, "Food Safety Issues in China: A Case Study of the Dairy Sector", *Journal of the Science of Food and Agriculture*, Vol.96, no.1(2016), pp.346—352.

Donna J.Wood, "Corporate Social Performance Revisited", *Academy of Management Review*, Vol.16, no.4(1991), pp.691—718.

Donna J.Wood, "Measuring Corporate Social Performance: A Review", *International Journal of Management Review*, Vol.12, no.1(2010), pp.50—84.

Douglas M.Lambert and Matthew A.Schwieterman, "Supplier Relationship Management as a Macro Business Process", *Supply Chain Management: An International Journal*, Vol.17(2012), pp.337—352.

Douglas M.Lambert and Martha C.Cooper, "Issues in Supply Chain Management", *Industrial Marketing Management*, Vol.29, no.1(2000), pp.65—83.

Edward J.Zajac and Cyrus P.Olsen, "From Transaction Cost to Transactional Value Analysis: Implications for the Study of Interorganizational Strategies", *Journal of Management Studies*, Vol.30, no.1(1993), pp.131—145.

Ellen M.Donoghue and Victoria E.Sturtevant, "Social Science Constructs in Ecosystem Assessments: Revisiting Community Capacity and Community Resiliency", *Society and Natural Resources*, Vol.20(2007), pp.899—912.

Fikret Berkes and Helen Ross, "Community Resilience: Toward an Integrated Approach", *Society & Natural Resources*, Vol.26, no.1(2013), pp.5—20.

Francis Fukuyama, "What Is Governance?" *Governance: An International Journal of Policy, Administration, and Institutions*, Vol.26, no. 3(2013), pp.347—368.

Frank Montabon, Mark Pagell and Wu Zhaohui, "Making Sustainability Sustainable", *Journal of Supply Chain Management*, Vol.52(2016), pp.11—27.

Gao Hongzhi, Zhang Hongxia, Zhang Xuan and John G.Knight, "Spillover of Distrust from Domestic to Imported Brands in a Crisis-Sensitized Market", *Journal of International Marketing*, Vol.23, no.1(2015), pp.91—112.

Gary Green and Anna Haines, *Asset Building & Community Development*, Thousand Oaks: Sage Publication, 2011.

Gary Green and Anna Haines, *Asset Building and Community Development*, Thousand Oaks: Sage Publication, 2011.

Glenn Banks, Regina Scheyvens, Sharon McLennan and Anthony Bebbington, "Conceptualising Corporate Community Development", *Third World Quarterly*, Vol.37(2016), pp.1—19.

Gong Qian and Peter Jackson, "Mediating Science and Nature: Representing and Consuming Infant Formula Advertising in China", *European Journal of Cultural Studies*, Vol.16, no.3(2013), pp.285—309.

Hean Tat Keh and Xie Yi, "Corporate Reputation and Customer Behavioral Intentions: The Roles of Trust, Identification and Commitment", *Industrial Marketing Management*, Vol.38, no.7(2009), pp.732—742.

Helen Kendall, Sharron Kuznesof, Moira Dean, Chan Mei-Yen, Beth Clark, Robert Home, Hanna Stolz, Zhong Qiding, Liu Chuanhe, Paul Brereton and Lynn Frewer, "Chinese Consumer's Attitudes, Perceptions and Behavioural Responses Towards Food Fraud", *Food Control*, Vol.95(2019), pp.339—351.

Hemant R.Ojha, Rebecca Ford, Rodney J.Keenan, Digby Race, Dora Carias Vega, Himlal Baral and Prativa Sapkota, "Delocalizing Communities: Changing Forms of Community Engagement in Natural Resources Governance", *World Development*, Vol.87(2016), pp.274—290.

Herbert Blumer, "Social Problems as Collective Behavior", *Social Problem*, Vol.18, no.3(1971), pp.298—306.

Herman Aguinis and Ante Glavas, "What We Know and Don't Know about Corporate Social Responsibility: A Review and Research Agenda", *Journal of Management*, Vol.38, no.4(2012), p.933.

Hilary Arksey and Lisa O'Malley, "Scoping Studies: Towards a Methodological Framework", *International Journal of Social Research Methodology*, Vol.8, no.1 (2005), pp.19—32.

Ingrid Robeyns, "The Capability Approach: A Theoretical Survey", *Journal of Human Development*, Vol.6(2005), pp.93—117.

Iris Marion Young, "Responsibility and Global Justice: A Social Connection Model", *Social Philosophy Policy*, Vol.23, no.1(2006), pp.102—130.

Janet Dzator, Alex O.Acheampong, Isaac Appiah-Otoo and Michael Dzator, "Leveraging Digital Technology for Development: Does ICT Contribute to Poverty Reduction?" *Telecommunications Policy*, Vol.47, no.4(2023).

Jason Donovan and Nigel Poole, "Asset Building in Response to Value Chain Development: Lessons from Taro Producers in Nicaragua", *International Journal of Agricultural Sustainability*, Vol.11, no.1(2013), pp.23—37.

Jason Donovan, Steve Franzel, Marcelo Cunha, Amos Gyau and Dagmar Mithofer, "Guides for Value Chain Development: A Comparative Review", *Journal of Agribusiness Development in Emerging Economy*, Vol.5, no.1(2015), pp.2—23.

Jeff S. Sharp, "Locating the Community Field: A Study of Interorganizational Network Structure and Capacity for Community Action", *Rural Sociology*, Vol. 66 (2001), pp.403—424.

Jeffery Neilson and Bill Pritchard, *Value Chain Struggles: Institutions and Governance in the Plantation Districts of South India*, Oxford: Blackwell, 2009.

Jeffrey C. Bridger and Theodore R. Alter, "An Interactional Approach to Place-based Rural Development", *Community Development*, Vol. 39, no. 1 (2008), pp.99—111.

Jeremy Hall and Stelvia Matos, "Incorporating Impoverished Communities in Sustainable Supply Chains", *International Journal of Physical Distribution and Logistic Management*, Vol.40(2010), pp.124—147.

Jia Xiangping, Luan Hao, Huang Jikun, Li Shengli and Scott Rozelle, "Marketing Raw Milk from Dairy Farmers Before and after the 2008 Milk Scandal in China: Evidence from Greater Beijing", *Agribusiness*, Vol.30, no.4(2014), pp.410—423.

Jim Cavaye and Helen Ross, "Community Resilience and Community Development: What Mutual Opportunities Arise from Interactions between the Two Concepts?" *Community Development*, Vol.50, no.2(2019), pp.181—200.

Jnanabrata Bhattacharyya, "Theorizing Community Development", *Journal of Community Development Society*, Vol.34(2004), pp.5—34.

Joakim Tell, Maya Hoveskog, Pia Ulvenblad, Per-Ola Ulvenblad, Henrik Barth and Jenny Ståhl, "Business Model Innovation in the Agri-food Sector: A Literature Review", *British Food Journal*, Vol.118, no.6(2016), pp.1462—1476.

John J. Green, "Community Development as Social Movement: A Contribution to Models of Practice", *Community Development*, Vol.39, no.1(2008), pp.50—62.

Julia Suess-Reyes and Elena Fuetsch, "The Future of Family Farming: a Literature Review on Innovative, Sustainable and Succession-oriented Strategies", *Journal of Rural Studies*, Vol.47(2016), pp.117—140.

Kao Tzu-Yi, Jason Chen, Wu Ji-Tsung and Yang Ming-Hsien, "Poverty Reduction through Empowerment for Sustainable Development: A Proactive Strategy of Corporate Social Responsibility", *Corporate Social Responsibility and Environmental Management*, Vol.23, no.3(2014.), pp.140—149.

Katarzyna Cieslik, "Moral Economy Meets Social Enterprise Community-based Green Energy Project in Rural Burundi", *World Development*, Vol. 83 (2016), pp.12—26.

Kate MacDonald, "Globalising Justice within Coffee Supply Chains? Fair Trade, Starbucks and the Transformation of Supply Chain Governance", *Third World Quarterly*, Vol.28(2007), pp.793—812.

Kenneth C.Bessant, "The Interactional Community: Emergent Fields of Collective Agency", *Sociological Inquiry*, Vol.82, no.4(2012), pp.628—645.

Kenneth P.Wilkinson, *The Community in Rural America*, Boston: Greenwood Publishing Group, 1991.

Kenneth C.Bessant, "An Interactional Approach to Emergent Interorganizational Fields", *Community Development*, Vol.45, no.1(2014), pp.60—75.

Kristen Lowitt, Gordon M.Hickey, Wayne Ganpat and Leroy Phillip, "Linking Communities of Practice with Value Chain Development in Smallholder Farming Systems", *World Development*, Vol.74(2015), pp.363—373.

Kristian E.Möller and Pekka Törrönen, "Business Suppliers' Value Creation Potential: A Capability-based Analysis", *Industrial Marketing Management*, Vol. 32 (2003), pp.109—118.

Lawrence Bonney, Angela Castles, Robyn Eversole, Morgan Miles and Megan Woods, *Accounting for Agriculture in Place-based Frameworks for Regional Development*, RIRDC, ACT, AU, 2015.

Lee Pegler, "Peasant Inclusion in Global Value Chains: Economic Upgrading but Social Downgrading in Labour Processes?" *Journal of Peasant Studies*, Vol.42, no.5(2015), pp.929—956.

Li Saiwei, Siet J.Sijtsema, Marcel Kornelis, Liu Yumei and Li Sheng, "Consumer Confidence in the Safety of Milk and Infant Milk Formula in China", *Journal* of Dairy Science, Vol.102, no.10(2019), pp.8807—8818.

Li Zhou and Zhang Hai-peng "Productivity Growth in China's Agriculture during 1985—2010", Journal of Integrative Agriculture, Vol. 12, no. 10 (2013), pp.1896—1904.

Lisa Segnestam, "Division of Capitals—What Role Does It Play for Gender-Differentiated Vulnerability to Drought in Nicaragua?" Community Development, Vol.40 (2009), pp.154—176.

Liu Chen, Gill Valentine, Robert Vanderbeck, Katie Mcquaid and Kristina Diprose, "Placing Sustainability in Context: Narratives of Sustainable Consumption in Nanjing", China, Social & Cultural Geography, Vol.20(2019), pp.1307—1324.

Liu Cheng, Li Jiaoyuan, William Steele and Fang Xiaoming, "A Study on Chinese Consumer Preferences for Food Traceability Information Using Best-Worst Scaling", PLoS One, Vol.13, no.11(2018).

Liu Rongduo, Zuzanna Pieniak and Wim Verbeke, "Consumers' Attitudes and Behaviour Towards Safe Food in China: A Review", Food Control, Vol.33, no.1 (2013), pp.93—104.

Liu Ruifeng, Gao Zhifeng, Rodolfo M. Nayga Jr., Heather A. Snell and Ma Hengyun, "Consumers' Valuation for Food Traceability in China: Does Trust Matter?" Food Policy, Vol.88(2019), pp.701—768.

Long Hualou, Tu Shuangshuang, Ge Dazhuan, Li Tingting and Liu Yansui, "The Allocation and Management of Critical Resources in Rural China under Restructuring: Problems and Prospects", Journal of Rural Studies, Vol. 47 (2016), pp.392—412.

Louisa Prause, Sarah Hackfort and Margit Lindgren, "Digitalisation and the Third Food Regime", Agriculture and Human Values, Vol.8(2020), pp.11—15.

Lu Xiaojing, "The Cause and Effect Analysis of the Melamine Incident in China", Asian Journal of Agricultural Research, Vol.5(2011), pp.176—185.

Manuel Castells, The Rise of the Network Society, New York: John Wiley & Sons, 2011.

Marcia Mkansi, "E-business Adoption Costs and Strategies for Retail Micro Businesses", *Electronic Commerce Research*, Vol.22, no.1(2021), pp.1153—1193.

Mark Granovetter, "The Impact of Social Structure on Economic Outcomes", *The Journal of Economic Perspectives*, Vol.19, no.1(2005), pp.33—50.

Marion Werner, "Placing the State in the Contemporary Food Regime: Uneven Regulatory Development in the Dominican Republic", *Journal of Peasant Studies*, Vol.48, no.1(2021), pp.137—158.

Mark Pagell and Anton Shevchenko, "Why Research in Sustainable Supply Chain Management Should Have no Future", *Journal Supply Chain Management*, Vol.50(2014), pp.44—55.

Mark Vicol, Jeffrey Neilson, Diany Faila Sophia Hartatri and Peter Cooper, "Upgrading for Whom? Relationship Coffee, Value Chain Interventions and Rural Development in Indonesia", *World Development*, Vol.110(2018), pp.26—37.

Mark Vicol, Niels Fold, Bill Pritchard and Jeffery Neilson, "Global Production Networks, Regional Development Trajectories and Smallholder Livelihoods in the Global South", *Journal of Economic Geography*, Vol.19(2018), pp.973—993.

Mary Emery and Cornelia Flora, "Spiraling-Up: Mapping Community Transformation with Community Capitals Framework", *Community Development*, Vol. 37 (2006), pp.19—35.

Michael Carolan, *The Real Cost of Cheap Food*, 2nd Edition, 2018, London. DOI: https://doi.org/10.4324/9781315113234.

Michael E.Blowfield and Catherine Dolan, "Fairtrade Facts and Fancies: What Kenyan Fairtrade Tea Tells us About Business' Role as Development Agent", *Journal of Business Ethics*, Vol.93(2010), pp.143—162.

Michael H.Hugos, *Sentials of Supply Chain Management*, Hoboken: John Wiley & Sons, 2011.

Micheal Porter, "The Contributions of Industrial Organization to Strategic Management", *Academy of Management Review*, Vol.6, no.4(1981), pp.609—620.

Michael Porter and Mark Kramer, "Creating Shared Value", *Harvard Business*

Review, Vol.89, no.1(2011), pp.62—77.

Mindi Schneider, "What, Then, Is a Chinese Peasant? Nongmin Discourses and Agroindustrialization in Contemporary China", *Agriculture and Human Values*, Vol.32, no.2(2015), pp.331—346.

Nadja El Benni, Hanna Stolz, Robert Home, Helen Kendall, Sharron A.Kuznesof, Beth Clark, Moira Dean, Paul Brereton, Lynn Frewer, Chan Sinyi, Zhong Qiding and Matthias Stolze, "Product Attributes and Consumer Attitudes Affecting the Preferences for Infant Milk Formula in China — A Latent Class Approach", *Food Quality and Preference*, Vol.71(2019), pp.25—33.

Neils Fold, "Value Chain Dynamics, Settlement Trajectories and Regional Development", *Regional. Studies*, Vol.48(2014), pp.778—790.

Nicole Gillespie, Graham Dietz and Steve Lockey, "Organizational Reintegration and Trust Repair after an Integrity Violation: A Case Study", *Business Ethics Quarterly*, Vol.24, no.3(2014), pp.371—410.

Norman Long, *Development Sociology: Actor Perspectives*, London: Routledge, 2003.

Norman Walzer, Liz Weaver and Catherine McGuire, "Collective Impact Approaches and Community Development Issues", *Community Development*, Vol.47, no.2(2016), pp.156—166.

Patrick Maclagan, "Corporate Social Responsibility as a Participative Process", *Business Ethics: A Europen Review*, Vol.8, no.1(1999).

Patrick Mundler and Sophie Laughrea, "The Contributions of Short Food Supply Chains to Territorial Development: A Study of Three Quebec Territories", *Journal of Rural Studies*, Vol.45(2016), pp.218—229.

Paula Jarzabkowski, Sarah Kaplan, David Seidl and Richard Whittington, "On the Risk of Studying Practices in Isolation: Linking What, Who, and How in Strategy Research", *Strategic Organisation*, Vol.14(2016), pp.248—259.

Pearly Neo, "Cracking Down on China's Food Safety: Vice Premier Urges Lifetime Bans for Offenders", https://www.foodnavigator-asia.com/Article/2018/09/18/

Cracking-down-on-China-s-food-safety-Vice-Premier-urges-lifetime-bans-foroffenders.

Pei Xiaofang, Annuradha Tandon, Anton Alldrick, Liana Giorgi, Huang Wei and Yang Ruijia, "The China Melamine Milk Scandal and Its Implications for Food Safety Regulation", *Food Policy*, Vol.36, no.3(2011), pp.412—420.

Pei Xu, Yan Yang and Todd Lone, "Chinese Parents' Safety Concerns and Willingness to Pay for Child Milk Beverages: A Case Study from Beijing", *The Chinese Economy*, Vol.50, no.3(2017), pp.141—156.

Peter Lund-Thomsen and Adam Lindgreen, "Corporate Social Responsibility in Global Value Chains: Where Are We Now and Where Are We Going?" *Journal of Business Ethics*, Vol.123, no.1(2014), pp.11—22.

Peter Ping Li, "Global Implications of the Indigenous Epistemological System from the East How to Apply Yin-yang Balancing to Paradox Management", *Cross-Cultural Strategic Management*, Vol.23, no.1(2016), pp.42—77.

Philip Beske, Anna Land and Stefan Seuring, "Sustainable Supply Chain Management Practices and Dynamic Capabilities in the Food Industry: A Critical Analysis of the Literature", *International Journal of Production Economics*, Vol.152(2014), pp.131—143.

Pierre Bourdieu, *The Logic of Practice*, Cambridge: Polity, 1990.

Qian Guixia, Guo Xiaochuan, Guo Jianjun and WuJianjun, "China's Dairy Crisis: Impacts, Causes and Policy Implications for a Sustainable Dairy Industry", *International Journal of Sustainable Development & World Ecology*, Vol. 18, no. 5 (2011), pp.434—441.

Qiao Guanghua, Guo Ting and Kurt Klein, "Melamine in Chinese Milk Products and Consumer Confidence", *Appetite*, Vol.55, no.2(2010), pp.190—195.

Qiao Guanghua, Guo Ting and Kurt Klein, "Melamine and Other Food Safety and Health Scares in China: Comparing Households with and without Young Children", *Food Control*, Vol.26, no.2(2012), pp.378—386.

Rachel Duffy, Andrew Fearne, Sue Hornibrook, Karise Hutchinson and Andrea Reid, "Engaging Suppliers in CRM: the Role of Justice in Buyer-supplier Relationships", *International Journal of Information Management*, Vol.33, no.1 (2013), pp.20—27.

Ray Collins and Anthony Dunne, "A Rapid Supply Chain Appraisal Approach for Agribusiness Development Projects", *Acta Horticulture*, Vol.794(2008), pp.73—80.

Reinhard Bachmann, Nicole Gillespie and Richard Priem, "Repairing Trust in Organizations and Institutions: Toward a Conceptual Framework", *Organization Studies*, Vol.36, no.9(2015), pp.1123—1142.

Richard E.Nisbett, Peng Kaiping, Incheol Choi and Ara Norenzayan, "Culture and Systems of Thought: Holistic Versus Analytic Cognition", *Psycholoigcal Review*, Vol.108, no.2(2001), p.291.

Rob Van Tulder, Jeroen Van Wijk and Ans Kolk, "From Chain Liability to Chain Responsibility", *Journal of Business Ethics*, Vol.85(2009), pp.399—412.

Robert K.Yin, *Case Study Research: Design and Methods*, London: Sage Publications, 2014.

Roberta Sonnino and Terry Marsden, "Beyond the Divide: Rethinking Relationships between Alternative and Conventional Food Networks in Europe", *Journal of Economic Geography*, Vol.6(2006), pp.181—199.

Robyn Eversole, "Community Agency and Community Engagement: Retheorising Participation in Governance", *Journal of Public Policy*, Vol.31, no.1(2011), pp.51—71.

Robyn Eversole, "Remaking Participation: Challenges for Community Development Practice", *Community Development Journal*, Vol.47, no.1(2012), pp.29—41.

Robyn Eversole, Lea Coates and David Wells, "Rural Development from the Ground up: Agrofood Initiatives in Tasmania", *Development Practice*, Vol.25, no.5 (2015), pp.703—714.

Rohit Raj Pant, Gyan Prakash and Jamal A.Farooquie, "A Framework for Traceability and Transparency in the Dairy Supply Chain Networks", *Procedia-Social and Behavioral Sciences*, Vol.189(2015), pp.385—394.

Ronald Burt, "The Social Structure of Competition", *Explorations in Economic*

Sociology, Vol.65(1993), p.103.

Ronald H. Coase, "The Nature of the Firm", *Economica-New Series*, Vol.4 (1937), pp.386—405.

Rudolfs Liepins, "New Energies for an Old Idea: Reworking Approaches to Community in Contemporary Rural Studies", *Journal of Rural Studies*, Vol.16, no.1 (2000), pp.23—35.

Sadaat Ali Yawar and Stefan Seuring, "Management of Social Issues in Supply Chains: A literature Review Exploring Social Issues, Actions and Performance Outcomes", *Journal of Business Ethics*, Vol.141(2017), pp.621—643.

Sally Shortall, "Are Rural Development Programs Socially Inclusive? Social Inclusion, Civic Engagement, Participation, and Social Capital: Exploring the Differences", *Journal of Rural Studies*, Vol.24, no.4(2008), pp.450—457.

Sarah Rotz, Emily Duncan, Matthew Small, Janos Botschner, Rozita Dara, Ian Mosby and Evan D.G. Fraser, "The Politics of Digital Agricultural Technologies: A Preliminary Review", *Sociologia Ruralis*, Vol.59, no.2(2019), pp.203—229.

Sari Forsman-Hugg, Juha-Matti Katajajuuri, Inkeri Riipi, Johanna Mäkelä, Katja Järvelä and Päivi Timonen, "Key CSR Dimensions for the Food Chain", *British Food Journal*, Vol.115(2013), pp.30—47.

Shahzad Ansari, Kamal Munir and Tricia Gregg, "Impact at the 'bottom of the Pyramid': the Role of Social Capital in Capability Development and Community Empowerment", *Journal of Management Studies*, Vol.49, no.4(2012), pp.813—842.

Simon Bolwig, Stefano Ponte, Andries du Toit, Lone Riisgaard and Niels Halberg, "Integrating Poverty and Environmental Concerns into Value-Chain Analysis: A Conceptual Framework", *Development Policy Review*, Vol.28(2010), pp.173—194.

Sini Forssell and Leena Lankoski, "The Sustainability Promise of Alternative Food Networks: An Examination Through 'Alternative' Characteristics", *Agriculture and Human Values*, Vol.32, no.1(2015), pp.63—75.

Sjoukje A. Osinga, Dilli Paudel, Spiros A. Mouzakitis and Ioannis N. Athanasiadis, "Big Data in Agriculture: Between Opportunity and Solution", *Agricultural Sys-*

tems, Vol.195(2022).

Song Ying-Hua, Yu Hui-Qin and Lv Wei, "Risk Analysis of Dairy Safety Incidents in China", *Food Control*, Vol.92(2018), pp.63—71.

Spence Laura and Michael Bourlakis, "The Evolution from Corporate Social Responsibility to Supply Chain Responsibility: The Case of Waitrose", *Supply Chain Management: An International Journal*, Vol.14(2009), pp.291—302.

Stefano Bresciani, Huarng Kun-Huang, Arvind Malhotra and Alberto Ferraris, "Digital Transformation as a Springboard for Product, Process and Business Model Innovation", *Journal of Business Research*, Vol.5(2021), pp.204—210.

Stephan M.Wagner and Christoph Bode, "An Empirical Investigation into Supply Chain Vulnerability", *Journal of Purchasing and Supply Management*, Vol.12, no.6(2006), pp.301—312.

Stephanie Barrientos, Gary Gereffi and Arianna Rossi, "Economic and Social Upgrading in Global Production Networks: A New Paradigm for a Changing World", *International Labour Review*, Vol.150, no.3(2011), pp.319—340.

Stephen Aigner, Victor Raymond and Lois Smidt, "Whole Community Organizing for the 21st Century", *Community Development*, Vol.33, no.1(2002), pp.86—106.

Stephen P.Borgatti and Li Xun, "On Social Network Analysis in a Supply Chain Context", *Journal of Supply Chain Management*, Vol.45(2009), pp.5—22.

Steven Carnovale and Sengun Yeniyurt, "The Role of Ego Network Structure in Facilitating Ego Network Innovations", *Journal of Supply Chain Management*, Vol.51(2015), pp.22—46.

Terry Marsden, "From Post-productionism to Reflexive Governance: Contested Transitions in Securing More Sustainable Food Futures", *Journal of Rural Studies*, Vol.29(2013), pp.123—134.

Thomas Reardon, Kevin Z.Chen, Bart Minten and Lourdes Adriano, *The Quiet Revolution in Staple Food Value Chains: Enter the Dragon, the Elephant, and the Tiger*, Mandaluyong City, Philippines: Asian Development Bank, 2012.

Thomas Y.Choi and Yusoon Kim, "Structural Embeddedness and Supplier Management: A Network Perspective", *Journal of Supply Chain Management*, Vol.44 (2008).

Vaughan Higgins, Jacqui Dibden and Chris Cocklin, "Building Alternative Agri-food Networks: Certification, Embeddedness and Agri-environmental Governance", *Journal of Rural Studies*, Vol.24, no.1(2008), pp.15—27.

Wang Mingliang, Bai Li, Gong Shunlong and Huang Long, "Determinants of Consumer Food Safety Self Protection Behavior—An Analysis Using Grounded Theory", *Food Control*, Vol.113(2020), pp.107—198.

Wang Zhigang, Mao Yanna and Fred Gale, "Chinese Consumer Demand for Food Safety Attributes in Milk Products", *Food Policy*, Vol.33, no.1 (2008), pp.27—36.

Wu Linhai, Xu Lingling and Gao Jian, "The Acceptability of Certified Traceable Food among Chinese Consumers", *British Food Journal*, Vol.113, no.4(2011), pp.519—534.

Wu Linhai, Yin Shijiu, Xu Yingjun and Zhu Dian, "Effectiveness of China's Organic Food Certification Policy: Consumer Preferences for Infant Milk Formula with Different Organic Certification Labels", *Canadian Journal of Agricultural Economics*, Vol.62, no.4(2014), pp.545—568.

Wu Xiang, Hu Bin and Xiong Jie, "Understanding Heterogeneous Consumer Preferences in Chinese Milk Markets: A Latent Class Approach", *Journal of Agricultural Economics*, Vol.71, no.1(2020), pp.184—198.

Wu Xiaolong, Yang Dali and Chen Lijun, "The Politics of Quality-of-Life Issues: Food Safety and Political Trust in China", *Journal of Contemporary China*, Vol.26(2017), pp.601—615.

Wu Zhaohui and Madeleine E. Pullman, "Cultural Embeddedness in Supply Networks", *Journal of Operation Management*, Vol.37(2015), p.45.

Jia Xiangping, Huang Jikun, Luan Hao, Scott Rozelle and Johan Swinnen, "China's Milk Scandal, Government Policy and Production Decisions of Dairy Farmers: The Case of Greater Beijing", *Food Policy*, Vol.37, no.4(2012), pp.390—400.

Yang Ronghui, Klasien Horstman and Bart Penders, "Constructing the Accountability of Food Safety as a Public Problem in China: A Document Analysis of Chinese Scholarship, 2008—2018", *Journal of Chinese Governance*, Vol.18, no.2 (2020).

Yang Xinran, Kevin Chen and Kong Xiangzhi, "Factors Affecting the Adoption of On-Farm Milk Safety Measures in Northern China—An Examination from the Perspective of Farm Size and Production Type", *Journal of Integrative Agriculture*, Vol.18, no.2(2019), pp.471—481.

Yi Kang, "Food Safety Governance in China: Change and Continuity", *Food Control*, Vol.106(2019), pp.706—752.

Yin Shijiu, Chen Mo, Chen Yusheng, Xu Yingjun, Zou Zongsen and Wang Yiqin, "Consumer Trust in Organic Milk of Different Brands: The Role of Chinese Organic Label", *British Food Journal*, Vol.118, no.7(2016), pp.1769—1782.

Yu Hailong, Wang Hong and Li Binglong, "Production System Innovation to Ensure Raw Milk Safety in Small Holder Economies: The Case of Dairy Complex in China", *Agricultural Economics*, Vol.49, no.6(2018), pp.787—797.

Zhang Caiping, Bai Junfei, Bryan T.Lohmar and Huang Jikun, "How Do Consumers Determine the Safety of Milk in Beijing", *China Economic Review*, Vol.21, no.1(2010), pp.45—54.

Zhang Dashi, "Communication Strategies of the Chinese Dairy Industry Manufacturers to Rebuild Reputation and Maintain a Quality Relationship", *Journal of Media and Communication*, Vol.5(2013), pp.118—130.

Zhang Lei, Xu Yunan, Peter Oosterveer and Arthur P.J. Mol, "Consumer Trust in Different Food Provisioning Schemes: Evidence from Beijing", *Journal of Cleaner Production*, Vol.134(2016), pp.269—279.

Zhong Zhen, Chen Shufen, Kong Xiangzhi and Megan Tracy, "Why Improving Agrifood Quality Is Difficult in China: Evidence from Dairy Industry", *China Economic Review*, Vol.31(2014), pp.74—83.

Zhou Yingheng and Wang Erpeng, "Urban Consumers' Attitudes towards the

Safety of Milk Powder after the Melamine Scandal in 2008 and the Factors Influencing the Attitudes", *China Agricultural Economic Review*, Vol.3, no.1(2011), pp.101—111.

Zhu Xinyi, Huang Yuelu and Louise Manning, "The Role of Media Reporting in Food Safety Governance in China: A Dairy Case Study", *Food Control*, Vol.96 (2019), pp.165—179.

后 记

  政治是管理众人之事,是实现对美好生活的期待。政治学和其他社会科学研究,需要承担起社会责任与时代使命,把论文写在祖国的大地上。我能完成这本书,首先要感谢幅员辽阔、日新月异的祖国,她给了我无数研究的灵感和启迪。我出生于、成长于、求学于中国的中部武汉,故乡旖旎俊美的山水风光、生机勃勃的草木虫鱼,让我无比热爱自然的美好、敬畏自然的力量。对自然的关注,对家乡发展的关注,让我开始关注可持续发展,关注鱼米之乡如何用粮食和蔬菜让人们的生活更美好,实现人们对美好生活的期待。为了解答这个内心的疑惑,我去到南半球的澳大利亚求学,在美丽的布里斯班和加顿亲身感受和经历发达资本主义国家的农业与农村发展,与世界各国的同行们交流、探讨与发现农业供应链与农村发展的无限可能。上海,是我回国工作的第一站。社会主义现代化国际大都市,让我接触了中国最前沿的国际资讯和最先进的发展实践,尤其是数字化商业模式、新兴科技的发展变迁和数字化、协作化、智能化的农业供应链变革,也让我重思农业供应链与时代发展的内在联系。

  其次,我要感谢复旦大学发展研究院的张怡副院长、黄昊副院长在本书出版过程中给予的大力支持,感谢发展研究院智库运营团队的于杨老师、姜泽老师、邵夏怡老师等在本书出版过程中的帮助。感谢复旦大学社会科学高等研究院郭苏建教授、贺东航教授、孙国东教授、林曦教授给予的指导、关心与帮助,感谢高研院王中原副教授、覃璇博士、张春满博士、顾燕峰博士、黄帅博士等青年学者的交流与启发。

  同时,还要感谢复旦大学其他院系的老师,他们包容开放、乐于分享、和蔼可亲,给予我无数知识的养分、人生的启迪。我总是自由地穿梭于学校大大小小的论坛、会议和活动。我参加过多次国际关系与公共事务学院的会议，还参加过博士后办公室举办的集体出游和学术研讨会、历史地理所乡村地区历史演变的研讨会、学校与上海市联合举办的"扶贫攻坚与乡村振兴有效衔接"的研讨会，等等，这些会议和活动都让我获益匪浅。

最后，我要感谢国外和国内其他高校的老师和挚友们，他们曾给予无私的分享与交流。感谢来自澳大利亚昆士兰大学的海伦·罗丝（Helen Ross）教授、阿诺马·阿里亚沃达纳（Anoma Ariyawardana）博士，她们是我的博士导师，一直都在默默地支持和关心我的成长，我们也一直保持着密切而高效的学术合作关系，论文中的一些观点，曾与她们在参加会议时讨论过，受到了她们的诸多指引和启发。中国科学院地理所区域可持续发展分析与模拟重点实验室刘彦随教授、李玉恒副教授，他们是乡村地理学研究的专家，通过参与他们组织的学术会议，我学到了无数农业与农村发展的新认识，开拓了我的视野。感谢中国农业大学人文与发展学院的李建军教授，分享了无数前沿研究素材；还有无数曾经有过一面之缘的来自浙江大学、武汉大学、中南财经政法大学、东北师范大学等诸多大学的老师们，在微信上分享相关的文章与观点，让我接受持续不断的思维冲击，不断开展学术反思。这种开放的学术生态，形成了一种跨学科研究的天然磁场，它激发我不断地去探索、去发现。

本书既是博士后出站报告的一个系统总结，也是将我所热爱的研究领域与政治学领域结合的一次大胆尝试。政治学是治国理政的知识、智慧与经验，它既需要理论的推演和拓展，也需要在实践中不断地更新与超越。我的博士后研究，将农业农村领域日常经济、社会、生活的细节，与政治学联系起来，希望从实践中发现政治学理论，拓展政治学研究的边界。它是一个面向未来的研究，因为报告中所提到的很多观点和建议，才刚刚上升到政治、政策的层面，还未被政治学研究所广泛接纳。但是，我坚信它是实践政治学的重要构成部分，它承载着对生活最质朴、最务实、最深切的关怀。

本书是前一个阶段研究成果的一个阶段性总结，而一项学术研究旅程的结束，预示着一段新征程的开始。感谢复旦大学发展研究院和社会科学高等研究院在此过程中给予的无私帮助，让我汲取了丰富的养分，获得了极大的成长。对社会实践的深刻关注与洞察，对社会生活的学理性关照，以一种润物细无声的方式,传递到我的研究之中,已经成为我的研究取向和特质。百年未有之大变局,我会带着发展研究院、高研院和政治学研究所赋予的悲天悯人的胸襟、高屋建瓴的视野和务实求真的谋略,继续关心粮食与蔬菜,期待在风云变幻、科技革新的国际国内的大背景下,探索我国农业与农村发展的新未来、新华章,探索中国与全球农业发展的新联系、新动向。感谢祖国日新月异的发展变迁,为学术研究提供了取之不尽用之不竭的素材,为学术思考开拓了一片广阔无垠的天地。我希望用过去习得的研究方法和思维方式,不断去深耕和探索更加广阔的学术研究乐土,面朝大海,春暖花开。

刘　丽

2023 年 10 月 30 日于上海

图书在版编目(CIP)数据

转型中国的农业供应链治理 / 刘丽著. — 上海 ：
格致出版社 ：上海人民出版社，2023.11
(转型中国研究丛书)
ISBN 978 - 7 - 5432 - 3521 - 2

Ⅰ. ①转⋯ Ⅱ. ①刘⋯ Ⅲ. ①农业-供应链管理-研
究-中国 Ⅳ. ①F324

中国国家版本馆 CIP 数据核字(2023)第 220814 号

责任编辑 裴乾坤
封面设计 高静芳

转型中国研究丛书
转型中国的农业供应链治理
刘 丽 著

出　　版　格致出版社
　　　　　上海人民出版社
　　　　　(201101　上海市闵行区号景路 159 弄 C 座)
发　　行　上海人民出版社发行中心
印　　刷　上海商务联西印刷有限公司
开　　本　720×1000　1/16
印　　张　10.75
插　　页　2
字　　数　160,000
版　　次　2023 年 11 月第 1 版
印　　次　2023 年 11 月第 1 次印刷
ISBN 978 - 7 - 5432 - 3521 - 2/D · 186
定　　价　49.00 元